アスリートが教えるパーツ引き締め

エイジレス タオル体操

スポーツトレーナー **風香**

監修　スポーツドクター　林　督元

文芸社

はじめに

はじめまして！

スポーツトレーナーの風香です。元・女子プロレスラーで、現在はスターダムという女子プロレス団体でゼネラルマネジャー（GM）として、リングアナウンサーや雑務をこなしながら、後進の指導にあたっています。

グラビアアイドルの愛川ゆず季（4月29日引退）をはじめ、3年間で15名の選手をプロレスラーとしてデビューさせました。

このタオル体操は、プロレスを引退して身体を動かす

こともなく、太ってしまった私が、再び人前に出るようになって、身体を絞るために考案したものです。

本当は、ジムにガッツリ通いたかったんですけど、ちょっと人に見せられるような身体ではなかったので、家でできることから始めようかなって。家でゴムチューブとか探したんですけどなくて、かわりになるような何か…と見つけたのがタオルだったんです。

タオルを使うと、難しい姿勢も楽にとれますし、ふだん使っていない筋肉も、無理せず鍛えることができます。

何より、気軽に運動ができるのがいいんです。

タオル体操は、それほど激しい運動ではありません。ふだんあまり身体を動かしていない人に、特におススメです。

また、この本で紹介しているのは基本的な動きです。特別決まったルールがあるわけではありませんから、みなさんでアレンジして、オリジナルのタオル体操を編み出してください。

タオル体操で、無理なく身体を動かすことで細胞から活性化して、エイジレスな身体を手に入れましょう！

3年前の私。始めて数ヶ月で元に戻しました。本当はこの写真、見せたくなかったです。

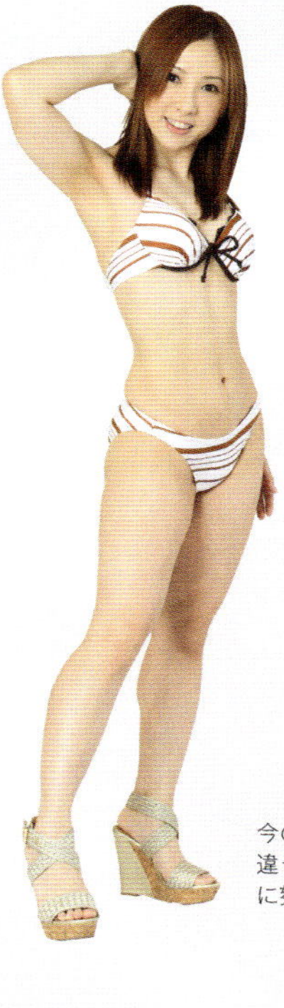

今の私。選手の頃の減量とは違って、きれいに痩せるように努力しています。

Contents

はじめに …………………………… 2
タオル体操のよいところ ………… 6
こうやって取り組もう …………… 8
あなたの今の状態は? ……… 10
知っておきたい身体の知識…… 11
ストレッチから始めよう………… 12

Step 1
初級編 ……………17

Step1 のポイント …………………… 18
片腕前方ひっぱり ………………… 20
片腕サイドひっぱり ……………… 21
片腕後方ひっぱり ………………… 22
両腕バンザイ左右ひっぱり ……… 23
両腕前方キープ …………………… 24
後方振り向き ……………………… 25
サイド引き上げ …………………… 26
ながら片腕前方ひっぱり ………… 28
ながら片腕サイドひっぱり ……… 29
ながら片腕後方ひっぱり ………… 30
ながら両腕バンザイ左右ひっぱり… 31
ながらサイド引き上げ …………… 32
両足広げ …………………………… 33
ふとももひっぱり ………………… 34
ふくらはぎひっぱり ……………… 35
ながら両足広げ …………………… 36
ながらふとももひっぱり ………… 37
頭上げ ……………………………… 38
頭サイド上げ ……………………… 39
ぐるりタオルまわし ……………… 40
足首上げ下げ ……………………… 42
腹筋キープ ………………………… 43
ヒザ立て腹筋 ……………………… 44
もも上げ …………………………… 45

Step 2

中級編 ……………47

Step2 のポイント ……… 48
サイドひねり ……… 50
後ろ足上げキープ ……… 51
つま先立ち ……… 52
片足つま先立ち ……… 53
腰入れ横ひねり ……… 54
ヒザつき腕立て ……… 55
ヒザつき両手重ね腕立て ……… 56
両手上げ腹筋 ……… 57
ひねり腹筋 ……… 58
腰入れ後方ひねり ……… 59
両ヒジ立ちキープ ……… 60
片ヒジ立ちキープ ……… 61
うつぶせ片手片足上げ ……… 62
うつぶせ上半身上げ ……… 63
うつぶせ両足上げ ……… 64
うつぶせ片足上げ ……… 65

Step 3

上級編 ……………67

Step3 のポイント ……… 68
両腕前方片足立ちキープ ……… 70
あおむけタオル渡し ……… 72
ジャブ ……… 74
ストレート ……… 75
左右のフック ……… 76
左右のアッパー ……… 77
左右の前蹴り ……… 78
左右のヒザ蹴り ……… 80
左右のミドルキック ……… 81

Step 4

スターダム体操 ……83

Step4 のポイント ……… 84
スターダム体操 ……… 86

Column

コラム

減量 ……………16
スポーツ ……………46
睡眠 ……………66
食生活・美容 ……………82

おわりに ……… 92
さくいん ……… 94

※この『エイジレス タオル体操』は健康な身体で、運動を行うことに不安のない方を対象にしています。持病のある方や激しい痛みを伴うような場合は、無理して行わずに、必ず医師と相談してください。

タオル体操のよいところ

私の考案したタオル体操には、続けやすい要素がたくさんあります。ここで、そのいくつかを紹介しましょう。

ふだん使っていない筋肉を鍛えられる

タオル体操には、ふだんの生活ではなかなか鍛えられない部位の運動が出てきます。これらの筋肉を鍛えることで、あなたの身体はどんどん活性化されるはずです。

無理なく難しい体勢をとることができる

タオルは負荷をかけるだけではなく、身体を固定し、補助的なものにも使います。一人でとるには難しい体勢も、無理なくとることができるのです。

高価な運動器具がなくても、身近なタオル一つでできる

高価な運動器具や、ジムに通わなくても身近なタオルでできます。

テレビを観ながらでもできるので、忙しい人でも大丈夫

本書には「ながら」として、イスに座って、ほかのことをしながらでもできる運動が多くあるので、忙しい人にオススメです。

体操で汗をかいても、そのままタオルで汗をふける

タオル体操では、タオルはそれほど汚れません。運動を終えたあとは、そのまま汗をふくこともできるので、とても便利です。

数分のメニューをいくつも繰り返すことで、気になる部分を引き締められる

本書で紹介している体操を、全部やる必要はありません。時間の目安を参考に、自分の気になる部分の運動を選んで行うことができます。

タオル体操を続けて筋肉を鍛えると、脂肪がつきにくい身体になる

タオル体操では、身近で簡単に鍛えられる運動を紹介しています。筋肉を鍛えると脂肪がつきにくくなるといわれます。タオル体操で理想のボディを手に入れましょう。

こうやって取り組もう

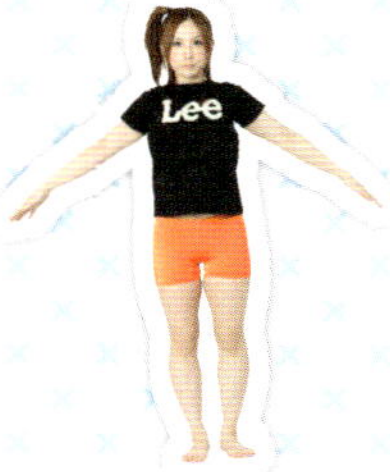

運動しやすい服装で！

タオル体操はスペースさえあれば、自室で簡単にできます。どんな格好でも構いませんが、なるべく動きやすい服装で行いましょう。

まずはウォーミングアップ、ストレッチで身体をほぐそう

いきなり運動を始めると、思わぬ事故やケガにつながります。必ずストレッチでウォー

ミングアップしてから始めましょう。

動きは「ゆっくり」「大きく」「徐々に力をこめて」が基本

急な動きや小さい動きでは、効果が半減してしまいます。

反動をつけずに、無理をしない

反動をつけると、身体によけいな負荷がかかってしまいます。無理なく行いましょう。

呼吸はゆっくり、途中でとめずに一息で

呼吸法も大切です。「ゆっくり大きく、途中でとめずに一息で」を意識しましょう。

体操をしていて、痛みを感じるようだったらやめる

痛みは身体の危険信号です。強い痛みを感じたら、それ以上続けるのはやめましょう。

あなたの今の状態は？

まずは自分の身体の状態を知ることが肝心です。かんたんな3項目のチェックとBMI診断で、あなたの今の状態を調べてみましょう。

両手を背中にまわして組むことができますか？

肩関節の柔らかさチェック

両手の指が組める	4
両手の指先が触れる程度	3
つかない（間隔は10cm未満）	2
つかない（間隔は10cm以上）	1

利き腕が上でも下でもかまいませんが、柔らかい方でチェック。

足を伸ばして座り、前屈してつま先に手が届きますか？

腰の柔軟性のチェック

てのひらがつま先より出る	4
指先からてのひらまで	3
つかない（間隔は5cm未満）	2
つかない（間隔は5cm以上）	1

手を腰にあて、片足を上げた状態で何秒もちますか？

足の筋肉の持久力とバランスチェック

90秒以上	4
45秒以上、90秒未満	3
15秒以上、45秒未満	2
15秒未満	1

診断

3項目のチェックの点数を合計してください。
対応するコメントが、あなたの身体の今の状態です。
その状態にあったStepを重点的に行ってください。

3～4	身体の老化が進みすぎています。	Step 1　初級編
5～6	だいぶ身体がなまっていますね。	Step 1　初級編
7～8	合格点です。	Step 2　中級編
9～10	かなり柔軟性、持久力にすぐれています。	Step 2　中級編
11～12	すばらしい身体能力です。	Step 3　上級編

知って おきたい 身体の知識

BMI（ボディマス指数）とは、あなたの肥満度を示してくれる国際的な指標です。
筋肉には、部位や役割によっていろんな種類があります。

■あなたの肥満度チェック

BMIを計算してみましょう。

$$\text{体重}(\mathrm{kg}) \div \text{身長}(\mathrm{m})^2$$

例） 身長160cm（1.6m）、体重52kgの場合
$52 \div 1.6^2 = 52 \div 2.56 \fallingdotseq 20.3$
BMI は約20.3

BMI (kg/m²)	日本肥満学会の肥満基準
18.5未満	低体重
18.5以上、25未満	普通体重
25以上、30未満	肥満（1度）
30以上、35未満	肥満（2度）
35以上、40未満	肥満（3度）
40以上	肥満（4度）

※BMI 35以上は高度肥満

日本ではBMI 25以上を「肥満」としています。
男性の29.7%、女性の21.4%が肥満で、増加傾向にあります（2006年11月調査）。
BMI 25以上で、肥満による健康障害（高血圧、糖尿病、脂質異常症など）が1つ以上あるか、内臓脂肪がCTで100cm²以上である場合、「肥満症」と診断されます。医師に相談して下さい。

■筋肉名一覧

タオル体操をするときに、どの筋肉が使われているか、意識しながら運動すると効果が上がります。

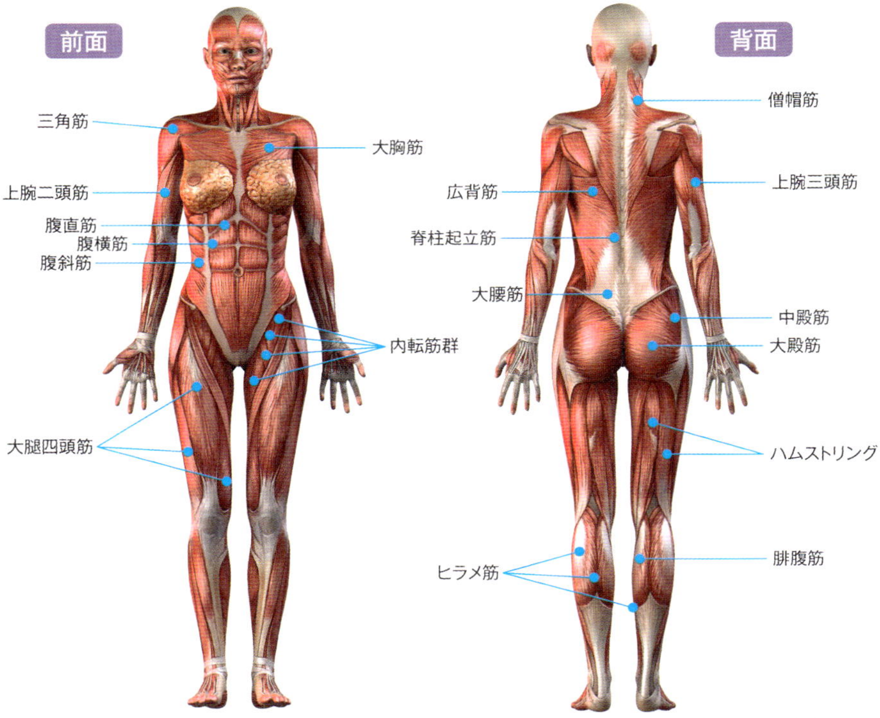

前面
三角筋
大胸筋
上腕二頭筋
腹直筋
腹横筋
腹斜筋
内転筋群
大腿四頭筋
背面
僧帽筋
上腕三頭筋
広背筋
脊柱起立筋
大腰筋
中殿筋
大殿筋
ハムストリング
ヒラメ筋
腓腹筋

※各体操のページに効果のある部位と意識する筋肉を示してあります。

ストレッチから始めよう

タオル体操を始める前に、必ずウォーミングアップとしてストレッチをしましょう。

ストレッチとは筋肉を引っ張ったり伸ばしたりすることの総称です。直接、筋肉を鍛えたり、脂肪を燃焼させたりはしませんが、筋肉を良好な状態にしてくれたり、関節の可動域を広げたりする効果があります。

まったく運動をしない人がいきなり運動を始めて、筋肉やアキレス腱を断裂する事故も多く起こっています。身体を「運動モード」に切り替えるために、しっかり取り組んでください。

ここでは代表的なストレッチを紹介しています。それぞれのポーズをゆっくりとって、20秒ほど静止してください。10分ほどで一連の動きが終わります。

また、タオル体操が終わったあとも、クールダウンとして再びこのストレッチをしましょう。

血行がよくなったり、神経機能が向上する効果があります。

右腕を引き寄せてヒジを伸ばす

左腕も

右腕を後ろにそらす

左腕も同じように

今度は反対に手の甲を下に

逆手について伸ばす

足の裏を合わせる

開脚して右に倒す

今度は左に

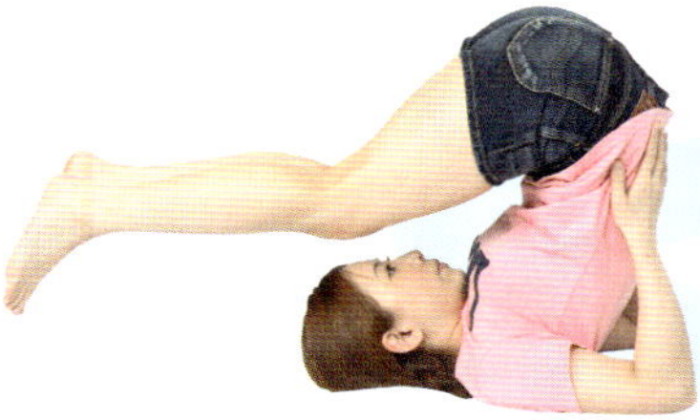

でんぐり返って腰を伸ばす

上半身を起こして足を伸ばす

そのまま前傾姿勢

左足を曲げて右足を伸ばす

反対も

右足の上に左足を乗せる

左足を立てて
アキレス腱を伸ばす

反対も

左足を伸ばしてさらに深く

右足も

反対も

足を交差させ身体をよじる

反対も

首の後ろを伸ばす

首を傾けてサイドを伸ばす

反対も

Column

減量

私はプロレスと総合格闘技をやっていて、初めて総合の試合に出たときは、一週間で8〜9kg落としました。本当にツラかったです。体重の落とし方を知らなかったですから。試合前日に2kgオーバー。キツい運動をして更にサウナに入って、当日も半身浴してから計量に臨みました。結果、パスはしたんですけど、試合には負けました。

減量とダイエットは違って、減量は試合でパワーが出なくなると困るので、筋肉を落とさないように体重を減らします。私の総合のコスチュームは身体のラインが出るので、くびれを作りたくて、ミット打ちとか、ひねる運動を主にしていましたね。

最初の減量で懲りたので、次からは標準体重を減らしました。上京してプロレスを始めた頃はホームシックで10kg以上太ってしまって…。インスタントラーメンの麺をコンニャクにかえて野菜と豚肉を入れたものを主食に痩せました。短期間に体重を落としたい人にはオススメです。ただし、決して美味しくはありませんが——。

ダイエットって期限があるといいんですが、継続が難しいですから、そのあとリバウンドしてしまいます。

本当にいいのは無理せず少しずつ運動することです。私もタオル体操で、ふだんは軽めのもの、気が向いたときガッツリ運動します。筋肉を鍛えておけば、急に太ることはありません。短期間の1〜2kgの増減で一喜一憂するよりも、もっと長いスパンで考えましょう。

— Step 1 —

初級編

Step 1 の ポイント

このStep1は運動初心者、
またはふだんあまり
運動していない人向けです。

一回の運動で
大きな効果を
上げるより、
毎日続けることが
肝心です。

タオルは伸縮性のある
120cmくらいの
マフラータオルが
最適です。

全部こなすより、
気になるところを集中的に
行いましょう。

……

♪イチ・ニイ・サーン
ニイ・ニッ・サーン♪

6秒、12秒のときは
三拍子を数えましょう。

4秒、8秒のときは
四拍子を数えましょう。

♪イチ・ニイ・サン・シィー
ニイ・ニッ・サーン・シィー♪

目標を決めて、達成したら、
自分を褒めて
あげましょう。

だからといって、
食べ過ぎては
ダメですよ。

キツいと感じたら、
回数を減らして、
自分に合わせて
続けることが
大切です。

腕

片腕前方ひっぱり

腕のたるみが気になる方に

1

タオルの先を、足先で踏む。タオルが引き抜かれないように、足先に体重をかける。

6秒
×
左右10回

腰をまっすぐ伸ばすように

2

もう一端を強く握り、上にひっぱる。6秒数えたら力をゆるめ、逆の手足に替える。

上腕	★★★★★
前腕	★★★★☆
腹部	★★☆☆☆
背中	★★☆☆☆
大腿部	★★☆☆☆
下腿部	★★☆☆☆

前

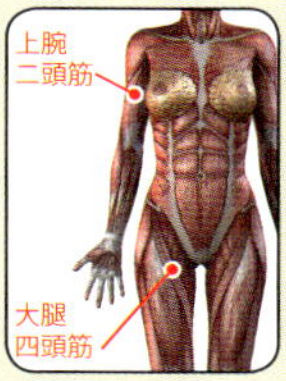

上腕
二頭筋
大腿
四頭筋

後

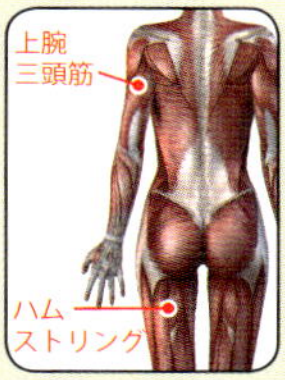

上腕
三頭筋
ハム
ストリング

運動所要時間
3分

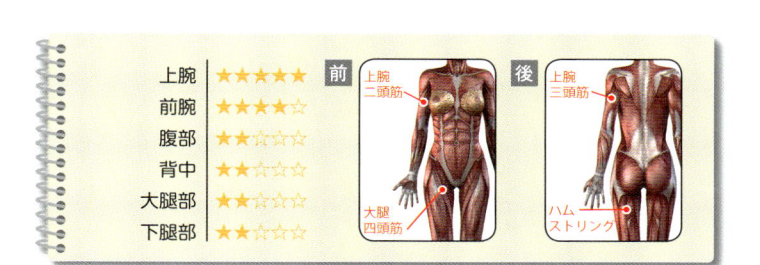

腕

二の腕をひきしめたい方に

片腕サイドひっぱり

運動所要時間
3分

6秒
×
左右10回

1 タオルの先を、足先で踏む。タオルが引き抜かれないように、足先に体重をかける。

身体の真横になるように

2 親指を内側になるようにタオルを握り、ヒジを曲げず、そのまま上に引き上げる。

上腕	★★★★★
前腕	★★★★☆
腹部	★☆☆☆☆
背中	★★☆☆☆
大腿部	★★☆☆☆
下腿部	★★☆☆☆

前

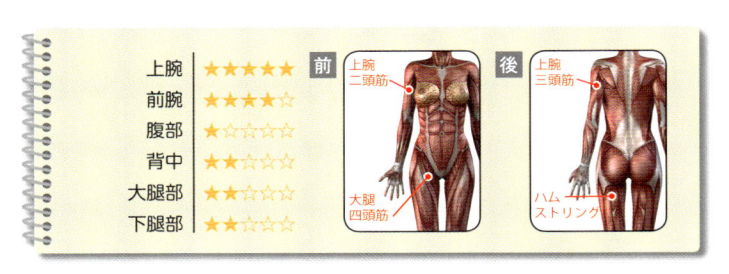

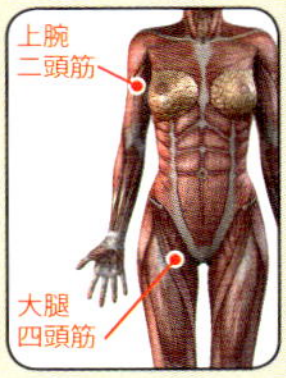
上腕
二頭筋
大腿
四頭筋

後

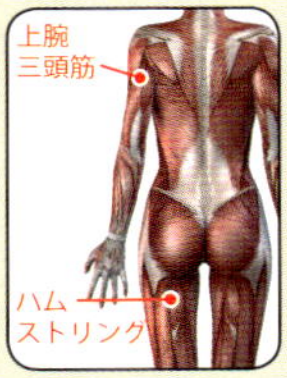
上腕
三頭筋
ハム
ストリング

腕・肩

片腕後方ひっぱり

肩こりに悩む方に

1

タオルの先を、かかとで踏む。タオルが引き抜かれないように、かかとに体重をかける。

NG

腰を曲げてしまうと、効果が半減。

6秒
×
左右2回

2

背筋を伸ばし、そのまま腕を後ろの方に持って行き、タオルを上にひっぱる。

上腕	★★★★★
前腕	★★★★☆
腹部	★★☆☆☆
背中	★★★★☆
大腿部	★★☆☆☆
下腿部	★★☆☆☆

前

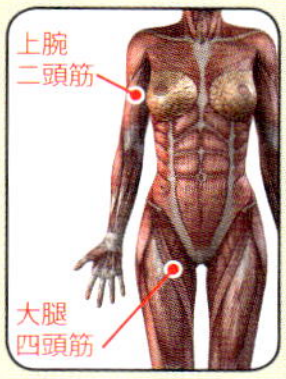

後

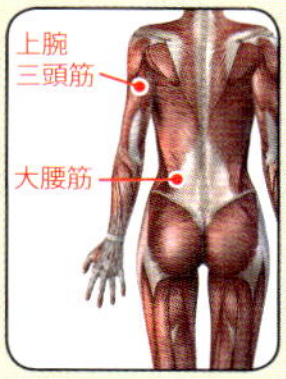

運動所要時間
1分

腕・肩・腰

肩こり、腰痛に悩む方に

両腕バンザイ左右ひっぱり

1

タオルを肩幅よりやや広めになるように握る。

6秒
×
2回

2

両手を頭上に掲げ、両端をひっぱる。
6秒数えたらゆるめ、もう一度繰り返す。

運動所要時間
1分

上腕	★★★★★
前腕	★★★★☆
腹部	★★★☆☆
背中	★★☆☆☆
大腿部	★★☆☆☆
下腿部	★★☆☆☆

前

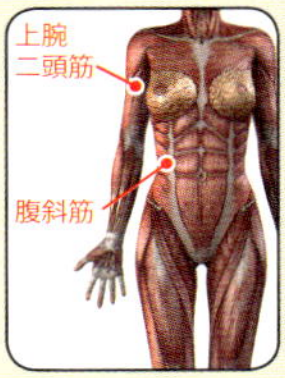
上腕
二頭筋
腹斜筋

後

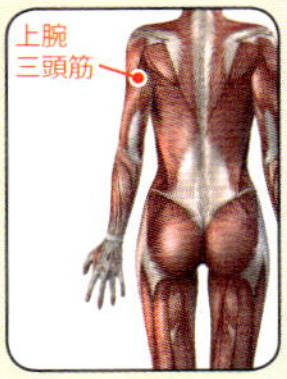
上腕
三頭筋

腕・腰

両腕前方キープ

猫背が気になる方に

背筋をまっすぐ
伸ばすように

1

肩幅よりやや広めにタオルを持つ。

6秒キープ
×
5回

2

両手をまっすぐ前に伸ばし6秒キープ。力を抜き、手を下ろして休み、繰り返す。

NG

背中を丸めたり、足を曲げたりしてはダメ。

上腕	★★★☆☆
前腕	★★★★☆
腹部	★★☆☆☆
背中	★★★★★
大腿部	★★☆☆☆
下腿部	★★☆☆☆

前

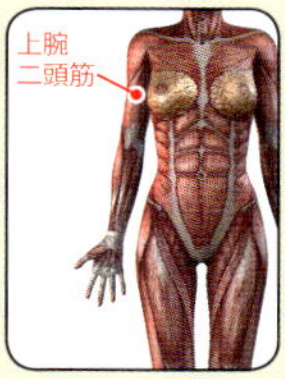
上腕
二頭筋

後

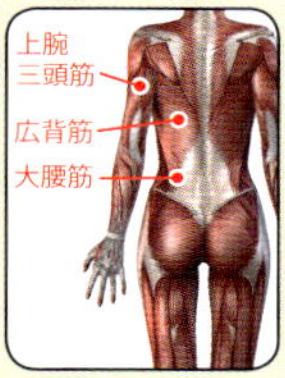
上腕
三頭筋
広背筋
大腰筋

運動所要時間
2分

腕・腰

後方振り向き

腕やわき腹をひきしめたい方に

運動所要時間 2分

4秒
×
左右10回

Lee

1

タオルを肩幅よりやや広めになるように握る。

2

4秒かけてふりむき、4秒かけて戻す。左右交互に繰り返す。

上腕	★★★☆☆
前腕	★★★☆☆
腹部	★★★★☆
背中	★★★★☆
大腿部	★★☆☆☆
下腿部	★★☆☆☆

前

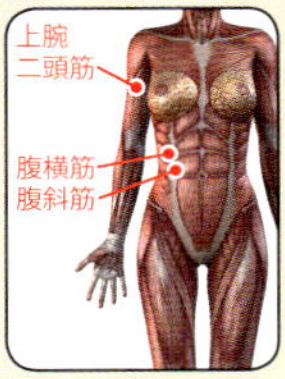
上腕
二頭筋
腹横筋
腹斜筋

後

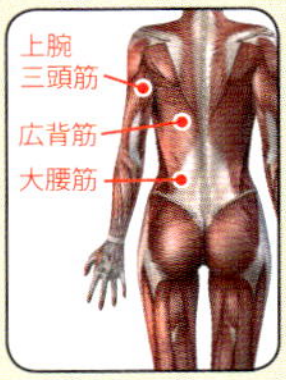
上腕
三頭筋
広背筋
大腰筋

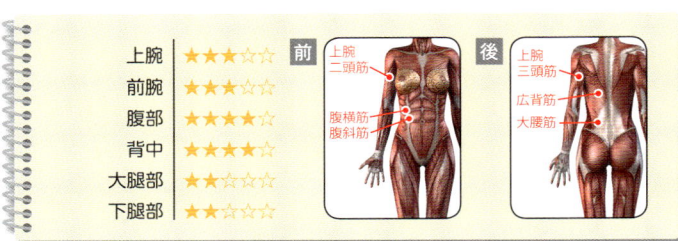

腕・わき腹

腰にくびれを作りたい方に

サイド引き上げ

1

タオルの両端を持ち、身体を横に倒す。この状態からスタート。

わき腹に力を入れる
こちらの手の力は下に向ける

6秒かけて上げる
×
左右5回

2

左手で下に引き、右手と右のわき腹の力で、ゆっくり6秒かけて上に持ち上げる。頭上で6秒キープ。

運動所要時間
3分

3

反対側に身体を倒し、
同じように繰り返す。

こちらの腕の力で
持ち上げる

4

最後はバンザイ
ポーズ！

NG

腰を入れて S 字に
なってはダメ。

上腕	★★★★☆
前腕	★★★☆☆
腹部	★★★★★
背中	★★★☆☆
大腿部	★★☆☆☆
下腿部	★★☆☆☆

前

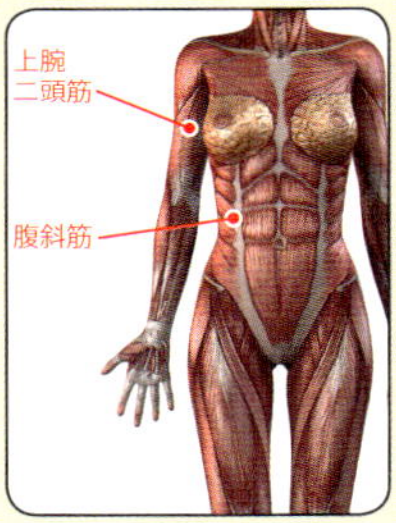
上腕
二頭筋
腹斜筋

後

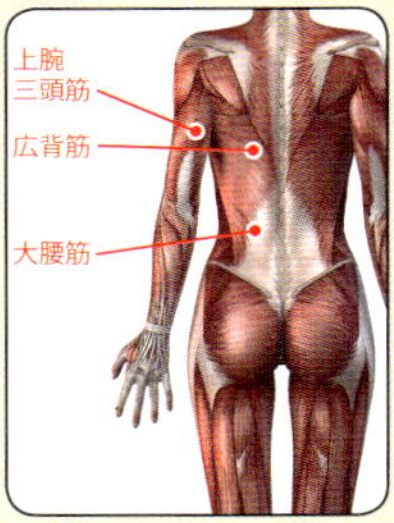
上腕
三頭筋
広背筋
大腰筋

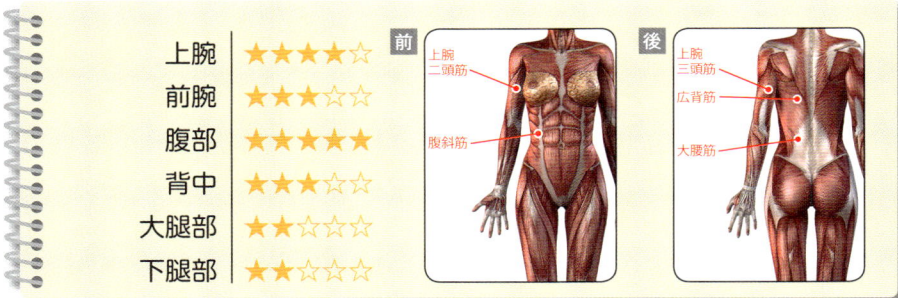

腕

二の腕をひきしめたい方に

ながら片腕前方ひっぱり

1 イスに座りながら、タオルを踏む。タオルが抜けないように体重をかける。

背もたれに体重をかけないように

6秒
×
左右10回

2 タオルの端を握り、そのまま上に引き上げる。6秒数えたらゆるめる。左右繰り返す。

上腕	★★★★★
前腕	★★★★☆
腹部	★☆☆☆☆
背中	★★☆☆☆
大腿部	★☆☆☆☆
下腿部	★★☆☆☆

前

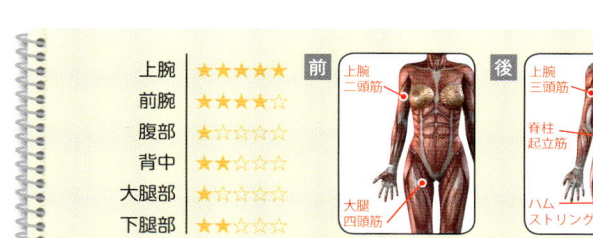

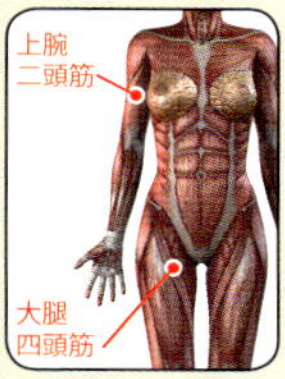
上腕
二頭筋
大腿
四頭筋

後

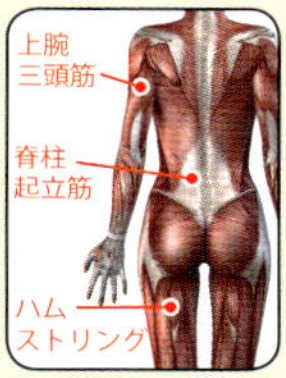
上腕
三頭筋
脊柱
起立筋
ハム
ストリング

運動所要時間
3分

腕

ながら片腕サイドひっぱり

腕のたるみが気になる方に

1 イスに座りながら、タオルを踏む。タオルが抜けないように体重をかける。

6秒
×
左右10回

Lee
ヒジは曲げないように

2 タオルの端を握り、上にひっぱる。6秒数えたら力をゆるめ、左右繰り返す。

上腕	★★★★★
前腕	★★★★☆
腹部	★★☆☆☆
背中	★★☆☆☆
大腿部	★☆☆☆☆
下腿部	★★☆☆☆

前

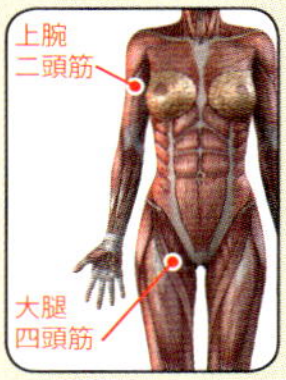
上腕
二頭筋
大腿
四頭筋

後

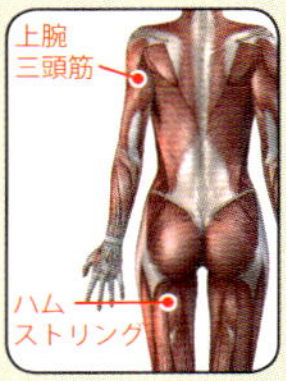
上腕
三頭筋
ハム
ストリング

運動所要時間
3分

腕・肩

肩こりに悩む方に

ながら片腕後方ひっぱり

1

タオルの先を、足先で踏む。タオルが引き抜かれないように、足先に体重をかける。

6秒×左右10回

ヒジは曲げないように
Lee

2

親指を内側になるようにタオルを握り、ヒジを曲げず、そのまま上に引き上げる。

上腕	★★★★★
前腕	★★★★☆
腹部	★★☆☆☆
背中	★★★★☆
大腿部	★☆☆☆☆
下腿部	★★☆☆☆

前

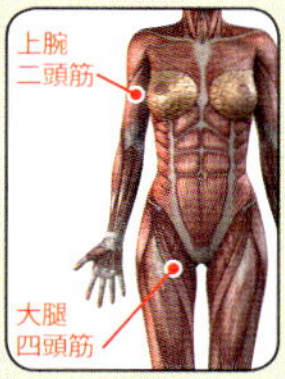
上腕二頭筋
大腿四頭筋

後

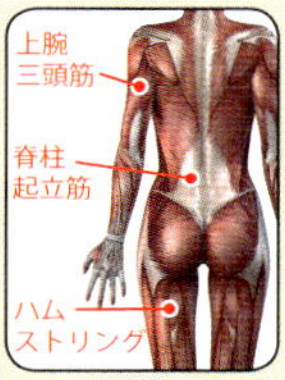
上腕三頭筋
脊柱起立筋
ハムストリング

運動所要時間 3分

腕・肩・腰

肩こりや腰痛に悩む方に

ながら両腕バンザイ左右ひっぱり

運動所要時間
3分

1

タオルの両端を握りやすい長さに調節し、しっかりつかむ。

腰をまっすぐ
伸ばすように

6秒
×
10回

2

両手を頭上に上げ、両端をひっぱる。6秒数えたらゆるめ、10回繰り返す。

上腕	★★★★★
前腕	★★★★☆
腹部	★★★☆☆
背中	★★★☆☆
大腿部	★☆☆☆☆
下腿部	★☆☆☆☆

前

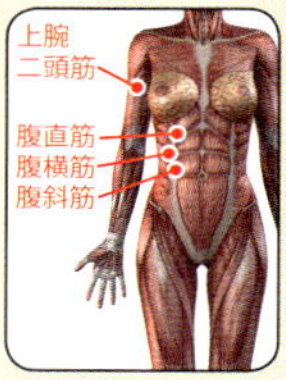
上腕
二頭筋
腹直筋
腹横筋
腹斜筋

後

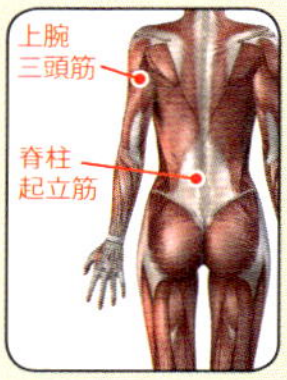
上腕
三頭筋
脊柱
起立筋

腕・わき腹

ながらサイド引き上げ

わき腹を引き締めたい方に

1

タオルの両端を持ち、身体を横に倒した状態からスタート。

6秒
×
左右10回

2

下側の手で下に引き、上の手とわき腹の力で、ゆっくり6秒かけて上に持ち上げる。頭上で6秒キープし左右10回繰り返す。

上腕	★★★★★
前腕	★★★★☆
腹部	★★★★☆
背中	★★☆☆☆
大腿部	★☆☆☆☆
下腿部	★☆☆☆☆

前

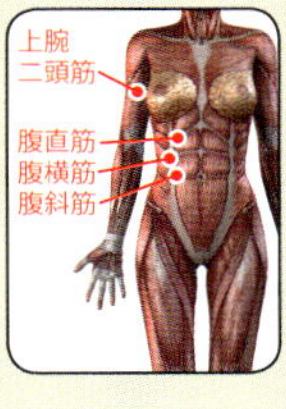
上腕
二頭筋
腹直筋
腹横筋
腹斜筋

後

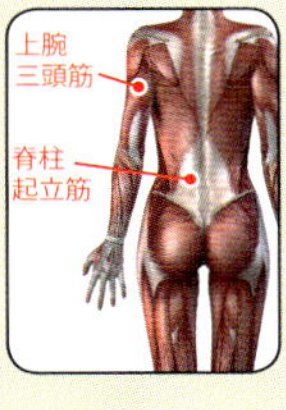
上腕
三頭筋
脊柱
起立筋

運動所要時間
3分

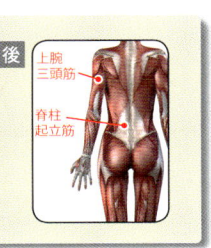

腕・足

両足広げ

ふとももを引き締めたい方に

1

タオルをヒザ上部分で交差させて、両端を持つ。

8秒
×
5回

Lee

NG
Lee

ヒザを曲げたり、足がすぐ開くようではダメ。

2

手は外側にひっぱり、両足は広げるように8秒力を込める。バランスが肝心。

上腕	★★★☆☆
前腕	★★★☆☆
腹部	★☆☆☆☆
背中	★★☆☆☆
大腿部	★★★★★
下腿部	★★★☆☆

前

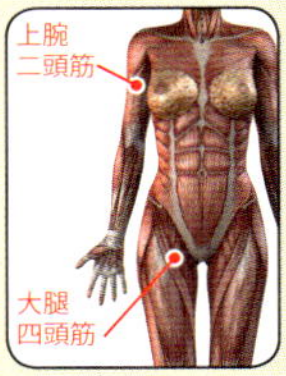
上腕
二頭筋
大腿
四頭筋

後

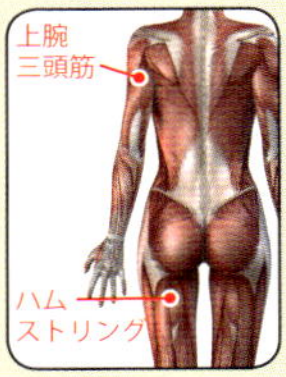
上腕
三頭筋
ハム
ストリング

運動所要時間
3分

腕・足

足をスッキリさせたい方に

ふとももひっぱり

真横にひっぱるの
がポイント

1

タオルをヒザ上に
ひっかけ、片手で外
側にひっぱる。

8 秒
×
左右 10 回

2

足に力を入れ、広が
らないように8秒間
耐える。左右交互に
10回繰り返す。

上腕	★★★☆☆
前腕	★★★☆☆
腹部	★★☆☆☆
背中	★★☆☆☆
大腿部	★★★★★
下腿部	★★★☆☆

前

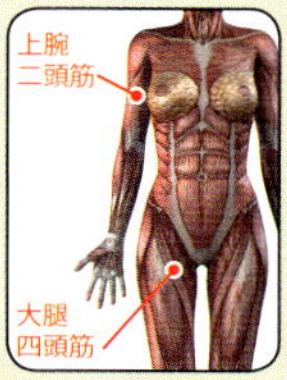
上腕
二頭筋
大腿
四頭筋

後

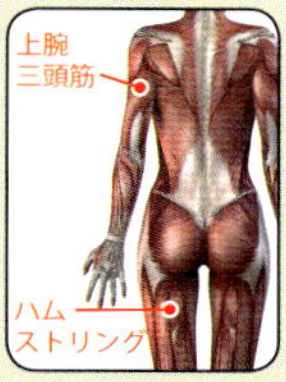
上腕
三頭筋
ハム
ストリング

運動所要時間
3分

腕・足

すらっとした足を目指す方に

ふくらはぎひっぱり

Lee

1

タオルをふくらはぎにひっかけ、反対側の手でひっぱる。

Lee

8秒
×
左右10回

2

片足を外側に広げようと力を込め、8秒間耐える。左右交互に10回繰り返す。

上腕	★★★☆☆
前腕	★★★☆☆
腹部	★★☆☆☆
背中	★★☆☆☆
大腿部	★★★☆☆
下腿部	★★★★★

前

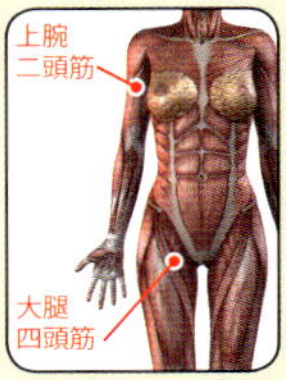
上腕
二頭筋
大腿
四頭筋

後

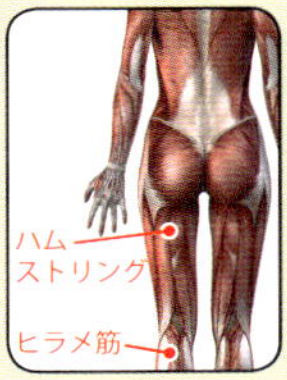
ハム
ストリング
ヒラメ筋

運動所要時間
3分

ふとももを引き締めたい方に

ながら両足広げ

1

イスに座り、タオルをヒザ上部分で交差して、両端を持つ。

8秒
×
10回

2

手は外側にひっぱり、両足は広げるように8秒力を込める。バランスが肝心。

上腕	★★★☆☆
前腕	★★★☆☆
背中	★★☆☆☆
大腿部	★★★★★
下腿部	★★★☆☆

前

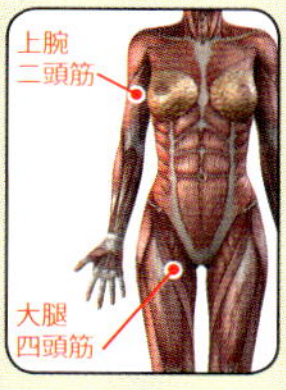
上腕
二頭筋
大腿
四頭筋

後

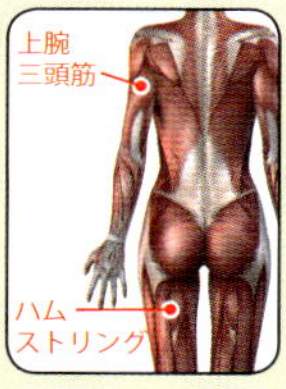
上腕
三頭筋
ハム
ストリング

運動所要時間
3分

腕・足

ふとももを引き締めたい方に

ながらふとももひっぱり

1

イスに座り、タオルをヒザ上部分にひっかけ、反対側の手でひっぱる。

8秒
×
左右10回

2

片足を外側に広げようと8秒間力を込める。左右交互に10回繰り返す。

上腕	★★★☆☆
前腕	★★★☆☆
背中	★★☆☆☆
大腿部	★★★★★
下腿部	★★★☆☆

前

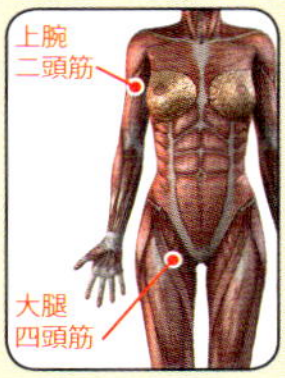
上腕
二頭筋
大腿
四頭筋

後

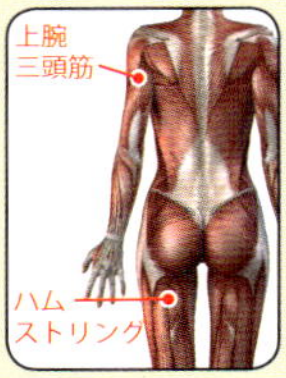
上腕
三頭筋
ハム
ストリング

運動所要時間
3分

腕・首

頭上げ

首の疲れや肩こりに悩む方に

1

タオルを頭にかけ、
両端をひっぱって頭
を垂れる。

6秒
×
5回

2

首の裏に力を込め、
6秒かけてゆっくり
頭を上げる。

上腕	★★★☆☆
前腕	★★★★☆
腹部	★★★☆☆
背中	★★★★☆
首の裏	★★★★★
大腿部	★☆☆☆☆

前

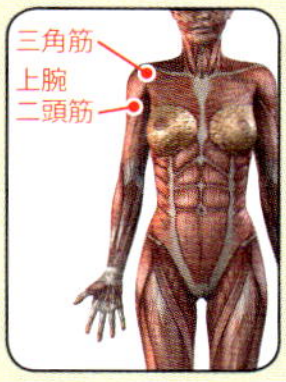
三角筋
上腕
二頭筋

後

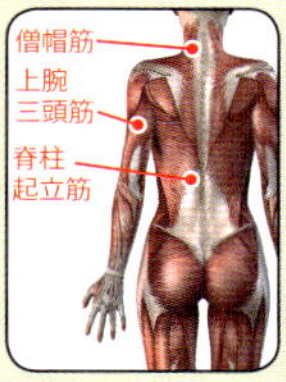
僧帽筋
上腕
三頭筋
脊柱
起立筋

運動所要時間
3分

腕・首

頭サイド上げ

首の疲れや肩こりに悩む方に

6秒
×
左右10回

1

タオルで頭を巻き、
片手で下に引いて、
頭を横に傾ける。

2

首の力で6秒かけて
頭を正面に持ち上げる。左右交互に10回繰り返す。

上腕	★★★☆☆
前腕	★★★★☆
腹部	★★★☆☆
背中	★★★★☆
首の横	★★★★★
大腿部	★☆☆☆☆

前

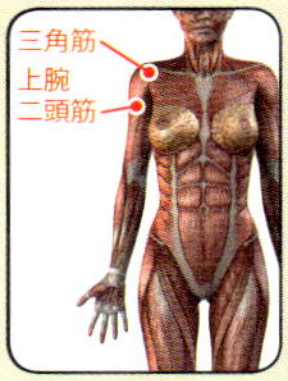
三角筋
上腕
二頭筋

後

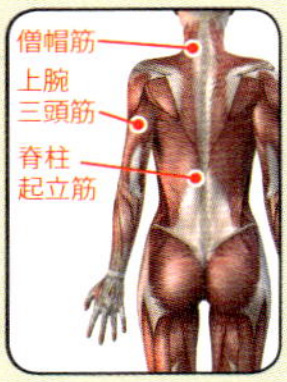
僧帽筋
上腕
三頭筋
脊柱
起立筋

運動所要時間
3分

肩・胸

バストアップさせたい方に

ぐるりタオルまわし

1

タオルを小さく折り畳み、両手でタオルを押しつぶして、丹田に力を込める。

上下左右
8秒
×
各5回

へそ下の「丹田」に力を込める

2

力を込めたままゆっくり往復8秒かけて、上下左右にタオルを動かす。

3

続いて、力を込めたまま、ゆっくりタオルで大きく円を描く。一周したら逆回転。

運動所要時間
5分

左まわり
右まわり
各３周

上腕	★★★★★
前腕	★★★★★
腹部	★★★★★
背中	★★★★☆
大腿部	★☆☆☆☆
下腿部	★☆☆☆☆

前

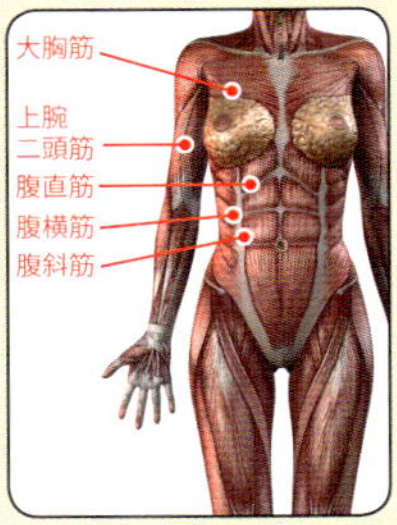
大胸筋
上腕
二頭筋
腹直筋
腹横筋
腹斜筋

後

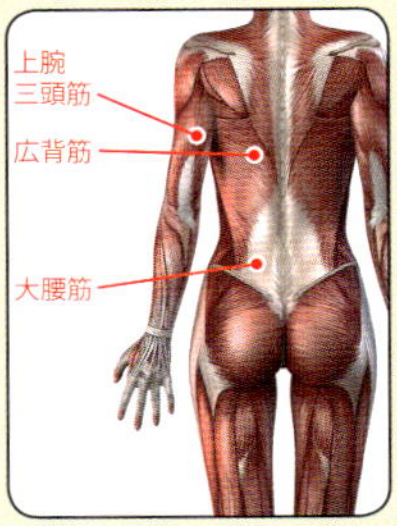
上腕
三頭筋
広背筋
大腰筋

足・腰

足がむくみやすい方に

足首上げ下げ

1

足の裏（土踏まずよりも上）にタオルをひっかけ、ヒザを曲げて両手で引く。

手でひっぱるときはすばやく

4秒×5回

足の力で押し返すときはゆっくり

2

足の力で、手の力に負けぬように、4秒かけてつま先を前に倒す。5回繰り返す。

上腕	★★★☆☆
前腕	★★★☆☆
腹部	★★☆☆☆
背中	★★☆☆☆
大腿部	★★☆☆☆
下腿部	★★★★★

前

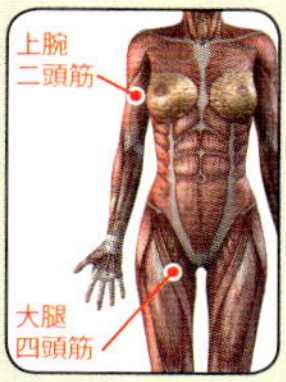
上腕
二頭筋
大腿
四頭筋

後

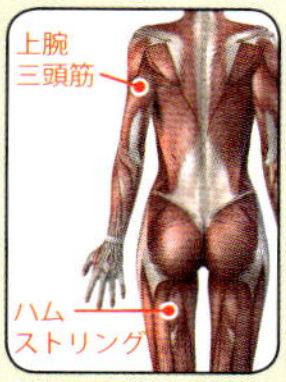
上腕
三頭筋
ハム
ストリング

運動所要時間
1分

腕・腰・腹

腹筋を鍛えたい方に

腹筋キープ

1

ヒザの裏にタオルをかけ両手でひっぱって、主に腹筋でななめの体勢を8秒間キープ。

8秒キープ
×
5回

2

8秒キープしたら一度、身体を起こし、筋肉をゆるめる。これを5回繰り返す。

上腕	★★★★☆
前腕	★★★★☆
腹部	★★★★★
背中	★★★★☆
大腿部	★☆☆☆☆
下腿部	★☆☆☆☆

前

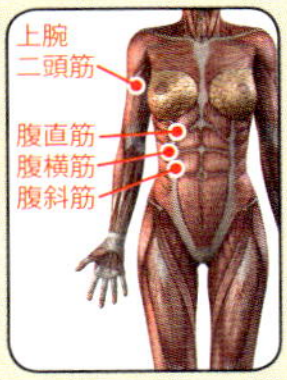
上腕
二頭筋
腹直筋
腹横筋
腹斜筋

後

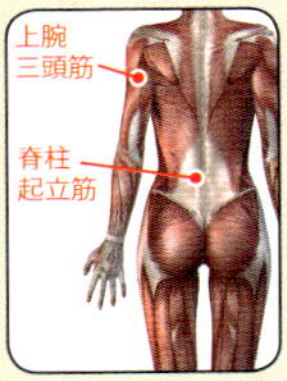
上腕
三頭筋
脊柱
起立筋

運動所要時間
2分

ヒザ立て腹筋

ぽっこり下腹が気になる方に

1

ヒザの裏にタオルをかけ、あおむけになる。

ゆっくり
×
10回

2

腕の力は補助的に使い、主に腹筋を使って身体を起こす。

NG

足を伸ばしたままの腹筋は腰を痛めやすいので注意。

上腕	★★★★☆
前腕	★★★★☆
腹部	★★★★★
背中	★★★★☆
大腿部	★☆☆☆☆
下腿部	★☆☆☆☆

前

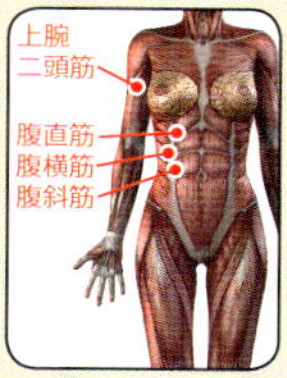
上腕
二頭筋
腹直筋
腹横筋
腹斜筋

後

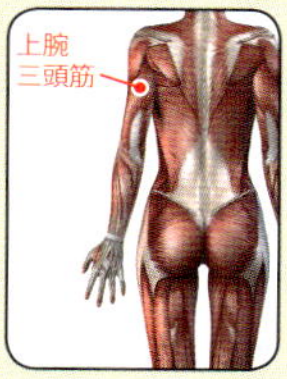
上腕
三頭筋

運動所要時間
5分

足

もも上げ

足の筋肉を鍛えたい方に

1

タオルの両端を持ち、腰よりやや上あたりにピンと伸ばして張る。

左右交互
×
10回

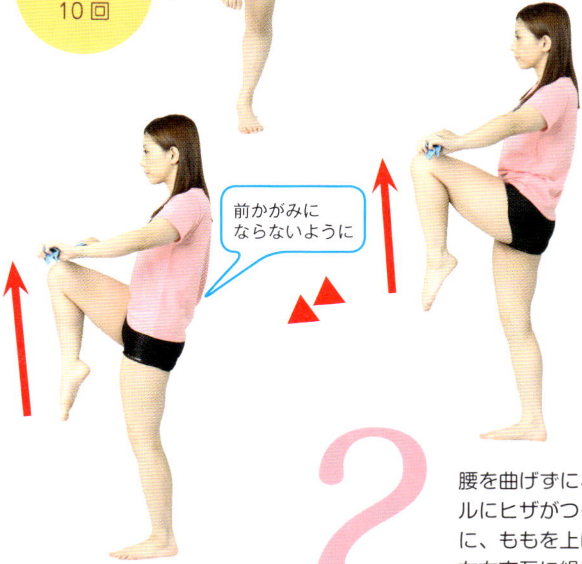
前かがみに
ならないように

2

腰を曲げずに、タオルにヒザがつくように、ももを上げる。左右交互に繰り返す。

上腕	★★☆☆☆
前腕	★☆☆☆☆
腹部	★★☆☆☆
背中	★★★☆☆
大腿部	★★★★★
下腿部	★★★★☆

前

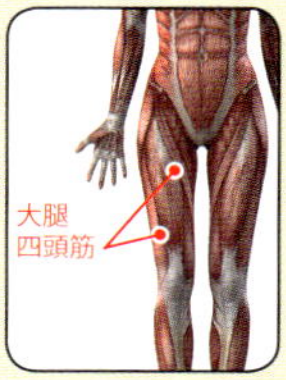
大腿
四頭筋

後

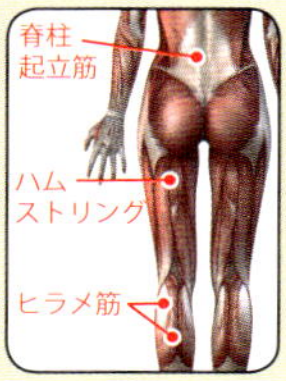
脊柱
起立筋
ハム
ストリング
ヒラメ筋

運動所要時間
2分

Column

スポーツ

私は、元々プロレスが好きだったわけではありません。

スポーツ歴をお話ししますと、最初は小2のときに水泳を始めました。これは1年くらいでやめてしまって、小4でバスケを始めます。体力づくりにもう一度水泳を始めたら、選手コースに入れられて…。小4のときに高学年の部の平泳ぎ50mで県の記録を塗り替えました。選手コースでは五輪を目指す人たちと一緒に練習させられて…。バスケの体力づくりに始めたのに、肝心のバスケのときに疲れて力が発揮できなくて、これでは本末転倒だと思ってやめました。

バスケでは小6で奈良県の優秀選手、中2で県のオールスターに選抜されて、高校は特待生として県の強豪校に進学しました。でも、そこではいろいろあって半年でやめ、公立高に進み直します。公立高でも普通にレギュラーとして活躍し、奈良県選抜に選ばれていましたね。

上京して雑誌の「アクション女優募集」記事に応募したことから、プロレスをやることになりました。争いごとは嫌いなのに、何か直感が働いたんです。身体を動かす仕事をしたかったというのもあるんでしょうね。

6年間、選手としてリングに上がりましたが、最後まで100％の力で人を蹴れませんでした。決して強い選手ではありませんでしたが、それでも応援してくれるたくさんのファンの方々に支えられて満足です。

今は恩返しのつもりで女子プロレス団体を立ち上げて、トレーナーとして後進の指導にあたっています。

— Step 2 —

中級編

Step 2 の ポイント

このStep2は、
運動していた人向けです。

Step1を
無理なくこなせた人、
身体のやわらかい人に
ピッタリ。

もともと
体力に自信が
あり、
スポーツが
好きな人に
オススメ。

補助的役割の
タオルを使わない運動も
出てきます。

姿勢よく、
見栄えよいポーズで
やりましょう。

動作の基本は、
大きく、
ゆっくり、
力を込めて。

ちょっとキツくなって
きましたが、
無理せず
かんばりましょう。

どの筋肉を使っているか、
意識しましょう。

腕・足・腰

腰にくびれを作りたい方に

サイドひねり

まっすぐ真横に
倒す

12秒
×
左右10回

1

足を前後に広げ、タオルの両端を持って、真上に上げる。

Point

ヒザを曲げ、腰を落として身体を真横に倒す。

NG

腰を深く落とさないと、効果は半減。

2

ヒザを曲げ、腰を落としながら、6秒かけて身体を横にゆっくり倒し、6秒かけて戻す。左右繰り返す。

上腕	★★★☆☆
前腕	★★★☆☆
腹部	★★★★★
背中	★★☆☆☆
大腿部	★★★★☆
下腿部	★★★★☆

前

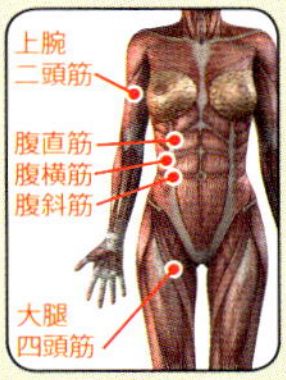
上腕
二頭筋
腹直筋
腹横筋
腹斜筋
大腿
四頭筋

後

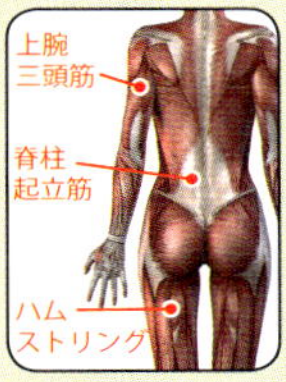
上腕
三頭筋
脊柱
起立筋
ハム
ストリング

運動所要時間
5分

Step 2

上半身 腕・腰／下半身 足

腕・足・腰

バランス感覚を鍛えたい方に

後ろ足上げキープ

6秒 × 左右6回

1 タオルをヒザにかけ両腕を後ろで上げ、足を伸ばして、片足立ちの体勢をキープ。

バランスを崩さないように

2 そのままの体勢を6秒キープしたら、左右交互に足をかえてチャレンジ。

NG ヒジ・ヒザを曲げると、効果は半減。

		前	後
上腕	★★★☆☆	上腕二頭筋	上腕三頭筋
前腕	★★★★☆		脊柱起立筋
腹部	★★★★★		
背中	★★★★☆		
大腿部	★★★★★	大腿四頭筋	ハムストリング
下腿部	★★★☆☆		

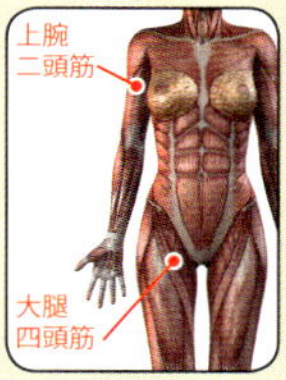

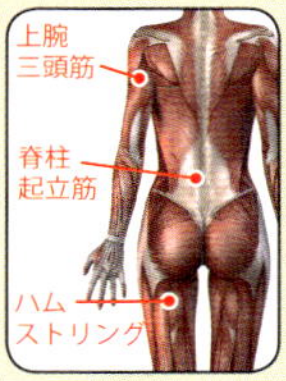

運動所要時間 **3分**

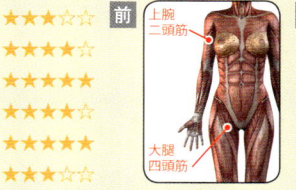

足

つま先立ち

足のむくみを解消したい方に

1

イスに両手をついて、肩幅くらいに足を広げ、まっすぐに立つ。

背筋をピンと伸ばす

6秒
×
5回

NG

ヒザを曲げてしまってはダメ。

2

3秒かけてかかとを上げ、3秒間キープしたら下ろす。それを5回繰り返す。

上腕	★☆☆☆☆
前腕	★☆☆☆☆
腹部	★★☆☆☆
背中	★★★☆☆
大腿部	★★★★☆
下腿部	★★★★★

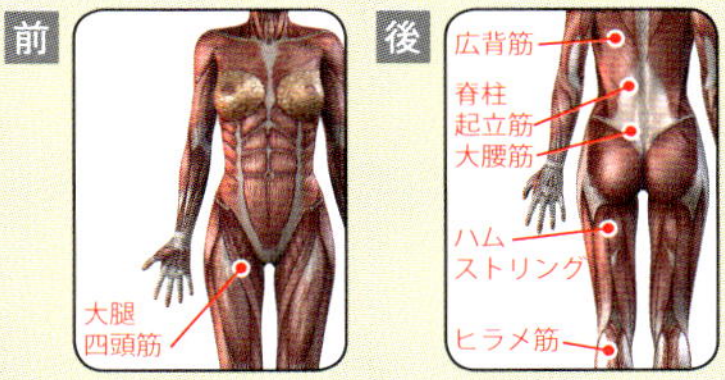

前
大腿
四頭筋
後
広背筋
脊柱
起立筋
大腰筋
ハム
ストリング
ヒラメ筋

運動所要時間
2分

足

片足つま先立ち

ふくらはぎを引き締めたい方に

6秒
×
左右10回

1

イスに両手をついて、片足で立ち、もう一方の足の甲をふくらはぎに乗せて負荷をかける。

2

3秒かけてかかとを上げ、3秒間キープしたら下ろす。

上腕	★☆☆☆☆
前腕	★☆☆☆☆
腹部	★★☆☆☆
背中	★★★☆☆
大腿部	★★★★☆
下腿部	★★★★★

前

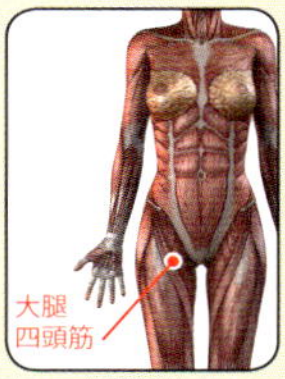
大腿
四頭筋

後

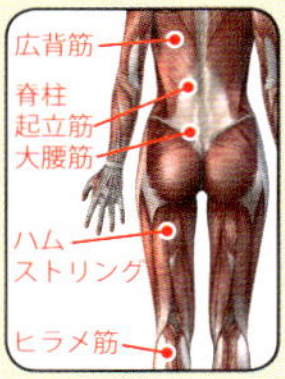
広背筋
脊柱
起立筋
大腰筋
ハム
ストリング
ヒラメ筋

運動所要時間
3分

腕・腰・足

腰入れ横ひねり

腰やお腹まわりが気になる方に

1

タオルの両端を持ち、前に上げる。足は前後に開き、腰を低く落とす。

6秒
×
左右10回

NG

腕はまっすぐ。ふらつかないように

2

腰を落とした状態で、まっすぐ横にゆっくりと6秒かけてひねる。左右繰り返す。

上腕	★★★☆☆
前腕	★★★☆☆
腹部	★★★★★
背中	★★★★★
大腿部	★★★★☆
下腿部	★★★☆☆

前

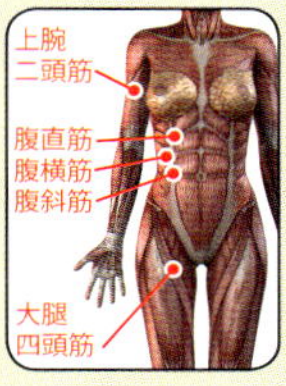
上腕
二頭筋
腹直筋
腹横筋
腹斜筋
大腿
四頭筋

後

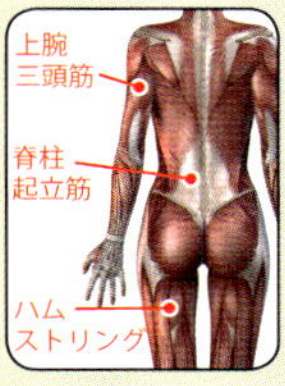
上腕
三頭筋
脊柱
起立筋
ハム
ストリング

運動所要時間
4分

腕

腕の筋力アップを目指す方に

ヒザつき腕立て

運動所要時間
3分

1

両手を肩幅の広さにつき、ヒザをついた状態でゆっくり腕立て伏せを行う。

10回

2

10回

続いて、両手を肩幅よりも広げてつき、ヒザをついた状態でゆっくり腕立て伏せを行う。

上腕	★★★★★
前腕	★★★★★
腹部	★★☆☆☆
背中	★★★★☆
大腿部	★☆☆☆☆
下腿部	★☆☆☆☆

前

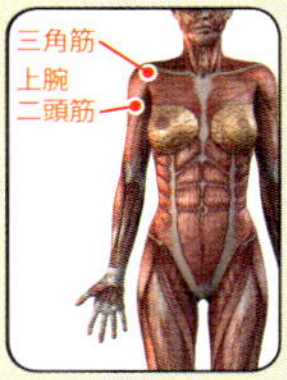
三角筋
上腕二頭筋

後

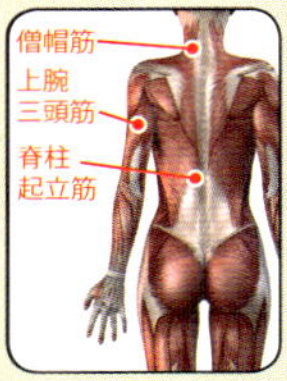
僧帽筋
上腕三頭筋
脊柱起立筋

腕

さらに腕の筋力アップを目指す方に

ヒザつき両手重ね腕立て

1

両手を重ね、ヒザをついた状態で腕立て伏せを行う。

10回

2

通常の腕立て伏せより難易度が上がっている分、回数が少なくても効果は大きい。

上腕	★★★★★
前腕	★★★★★
腹部	★★☆☆☆
背中	★★★★☆
大腿部	★☆☆☆☆
下腿部	★☆☆☆☆

前

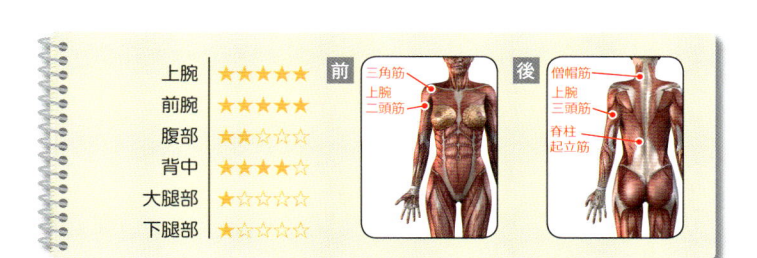

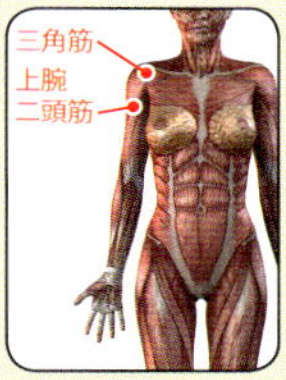
三角筋
上腕二頭筋

後

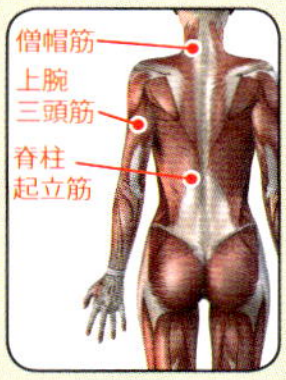
僧帽筋
上腕三頭筋
脊柱起立筋

運動所要時間
6分

腹

両手上げ腹筋

お腹まわりが気になる方に

1

ヒザを立て、タオルを半分に折って両手で持ち、あおむけに寝る。

10回

2

腕を曲げず、タオルがヒザにつくように、腹筋を行う。

上腕	★★★☆☆
前腕	★★★☆☆
腹部	★★★★★
背中	★★★☆☆
大腿部	★☆☆☆☆
下腿部	★☆☆☆☆

前

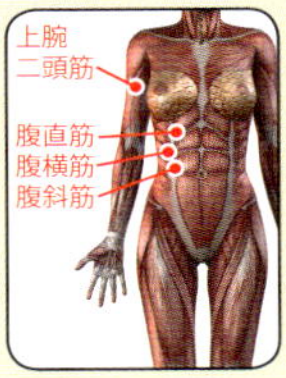
上腕
二頭筋
腹直筋
腹横筋
腹斜筋

後

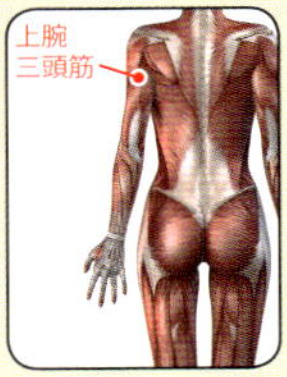
上腕
三頭筋

運動所要時間
5分

腹

ひねり腹筋

腹筋を鍛えて、さらにくびれを作りたい方に

1

ヒザを立て、タオルを3分の1くらい折ってヒザの下にしき、両手を伸ばしてあおむけに寝る。

左右10回

2

腹筋で起き上がった際、片手で反対側のタオルの端をさわる。左右交互に繰り返す。

上腕	★★☆☆☆
前腕	★★★☆☆
腹部	★★★★★
背中	★★★★☆
大腿部	★☆☆☆☆
下腿部	★☆☆☆☆

前

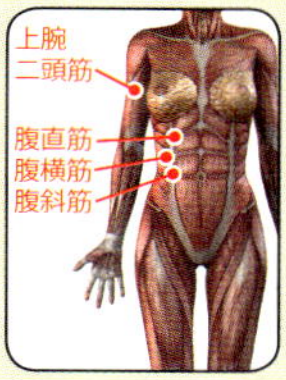

後

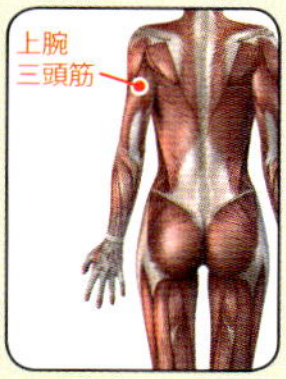

運動所要時間
3分

腕・腰・足

腰まわりをすっきりさせたい方に

腰入れ後方ひねり

1

足を前後に開いて、
タオルの両端を持ち、
頭上に上げる。

ゆっくり
×
左右10回

NG

タオルを前から持って
きてさわってもダメ。

2

後ろに身体をそらして、
左手で右足のかかとをさわる。戻して、左右交互に繰り返す。

上腕	★★★☆☆
前腕	★★★☆☆
腹部	★★★★★
背中	★★★★☆
大腿部	★★★☆☆
下腿部	★★★☆☆

前

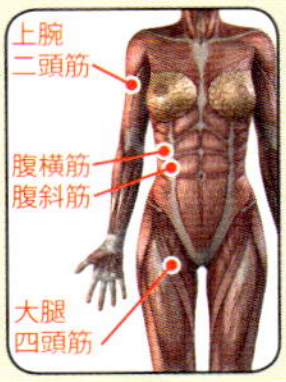
上腕
二頭筋
腹横筋
腹斜筋
大腿
四頭筋

後

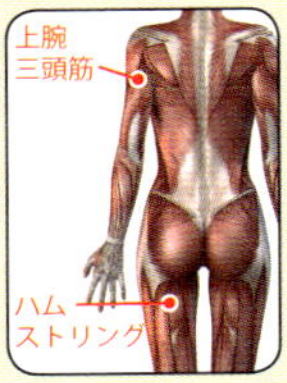
上腕
三頭筋
ハム
ストリング

運動所要時間
3分

腕・腰・背中

両ヒジ立ちキープ

腕と背筋を鍛えたい方に

1

両ヒジをついた体勢で、顔は正面を向いた状態をキープ。

腰はまっすぐの状態を保つ

12秒
×
5回

NG

腰を上げた状態では効果が半減。

2

12秒数えたら、身体を下ろす。これを5回繰り返す。

上腕	★★★★★
前腕	★★☆☆☆
腹部	★★★☆☆
背中	★★★★★
大腿部	★★★☆☆
下腿部	★★☆☆☆

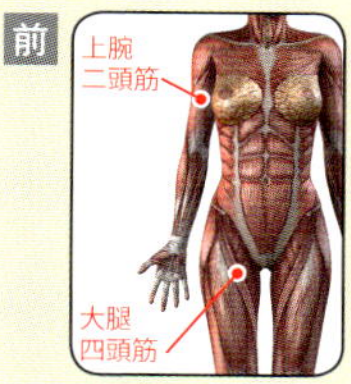
前
上腕二頭筋
大腿四頭筋

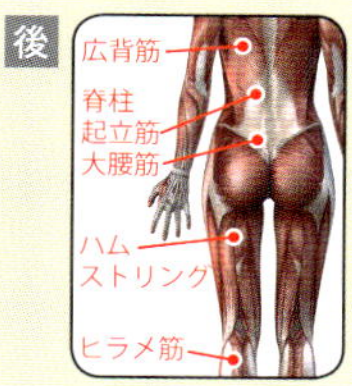
後
広背筋
脊柱起立筋
大腰筋
ハムストリング
ヒラメ筋

運動所要時間
3分

腕・腰

腕と腰を鍛えたい方に

片ヒジ立ちキープ

12秒
×
左右10回

1

片ヒジをついた形で横向きになり、身体をななめにした状態でキープ。

身体が一直線になるように

2

12秒数えたら、身体を下ろす。左右5回ずつ繰り返す。

上腕	★★★★★
前腕	★★☆☆☆
腹部	★★★★★
背中	★★★☆☆
大腿部	★★★☆☆
下腿部	★★☆☆☆

前

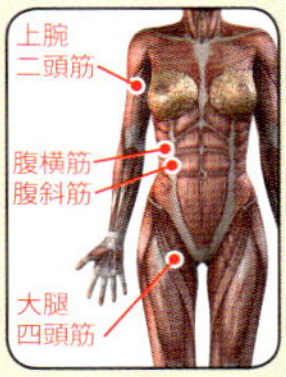
上腕
二頭筋
腹横筋
腹斜筋
大腿
四頭筋

後

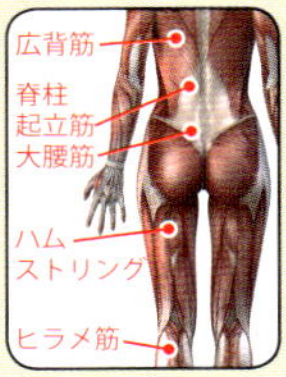
広背筋
脊柱
起立筋
大腰筋
ハム
ストリング
ヒラメ筋

運動所要時間
5分

うつぶせ片手片足上げ

背中や腰を鍛えたい方に

3秒
×
左右10回

1

両手を伸ばした状態で、うつぶせに寝る。

2

左手・右足を同時に上げて3秒キープ。続いて右手・左足を上げて3秒キープ。交互に10回繰り返す。

上腕	★★★★★
前腕	★★★★☆
腹部	★★☆☆☆
背中	★★★★★
大腿部	★★★★★
下腿部	★★★★☆

前

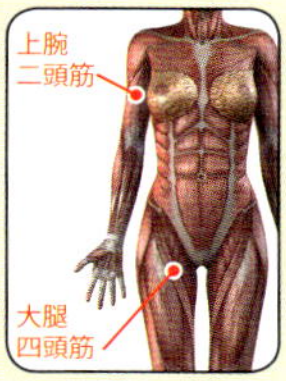
上腕
二頭筋
大腿
四頭筋

後

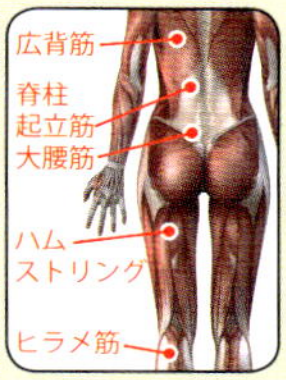
広背筋
脊柱
起立筋
大腰筋
ハム
ストリング
ヒラメ筋

運動所要時間
5分

背中・腰

背筋を鍛えたい方に

うつぶせ上半身上げ

1

両手を下ろした状態でうつぶせに寝る。

てのひらを下向きにする

3秒
×
10回

2

背筋を使って、上半身を持ち上げた状態で、3秒キープ。これを10回繰り返す。

上腕	★★☆☆☆
前腕	★★★☆☆
腹部	★★☆☆☆
背中	★★★★★
大腿部	★★☆☆☆
下腿部	★★☆☆☆

前

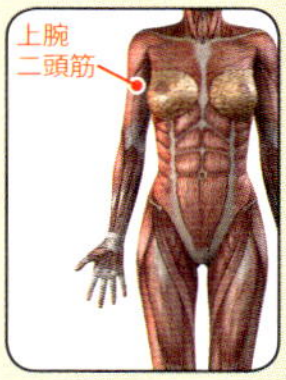
上腕
二頭筋

後

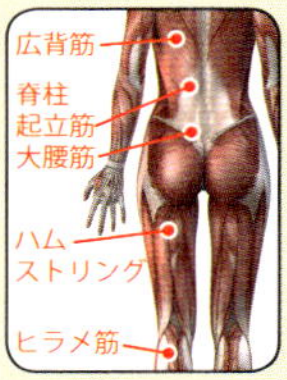
広背筋
脊柱
起立筋
大腰筋
ハム
ストリング
ヒラメ筋

運動所要時間
3分

うつぶせ両足上げ

ヒップアップさせたい方に

1

両手を前につき、うつぶせの状態で寝る。

腰から上げるイメージで
2秒×10回

2

両足を上に跳ね上げ、2秒キープして下ろす。これを10回繰り返す。

NG

足を曲げてしまうと、意味がない。

上腕	★★☆☆☆
前腕	★★★☆☆
腹部	★★☆☆☆
背中	★★★★★
大腿部	★★★★★
下腿部	★★★★☆

前

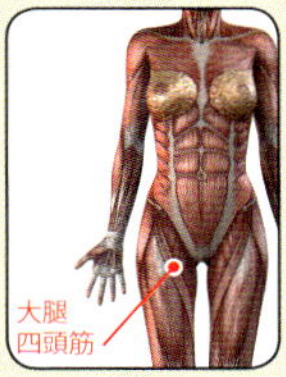
大腿四頭筋

後

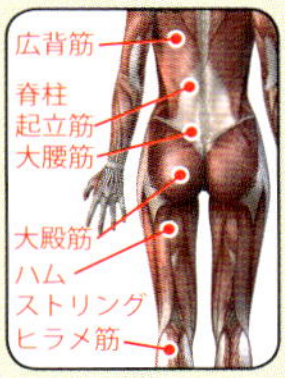
広背筋
脊柱起立筋
大腰筋
大殿筋
ハムストリング
ヒラメ筋

運動所要時間 5分

足・腰・尻

小尻にしたい方に

うつぶせ片足上げ

1

両手を前につき、うつぶせの状態で寝る。

足先をきれいに上げる

ゆっくり
×
左右20回

2

上半身を床につけたまま、片足を内側に向けてゆっくりねじるように上げる。左右交互に10回ずつ行う。

NG

上半身を浮かせてしまうと効果が半減。

上腕	★★☆☆☆
前腕	★★★☆☆
腹部	★★★☆☆
背中	★★★★★
大腿部	★★★★★
下腿部	★★★★☆

前

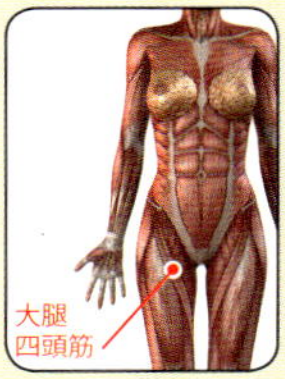
大腿
四頭筋

後

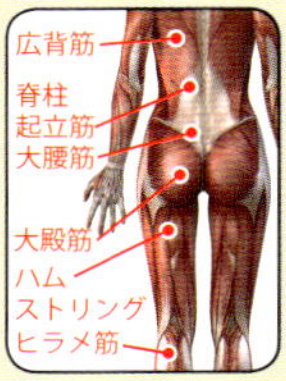
広背筋
脊柱
起立筋
大腰筋
大殿筋
ハム
ストリング
ヒラメ筋

運動所要時間
8分

Column

睡眠

寝ることは大好きです。今は忙しくて、理想の睡眠時間とはほど遠い生活を送っていますが、寝られるときは1日20～22時間くらい寝たりしますね。

一時期、本当に不眠に悩まされました。試合の後とかアドレナリンが出まくって…。ベッドの中で「眠れない」「眠れない」と考えだすと、かえって眠れなくなってしまい、慢性不眠症状態。そんなとき、「どうせ人間は疲れたら寝てしまうんだ」と、開き直ったら楽になって、その後はあんまり気にしないことにしました。

それから、これは不眠で悩んでる人に本当にオススメなんですが、私の部屋のカーテンは学校の視聴覚室にあるような真っ黒の遮光カーテンで、光をまったく通しません。神経が過敏になっていると、音や光など外部の刺激で眠れなくなると知ってから、このカーテンにしました。私は会社員ではないので、不規則な生活をしていますが、朝や昼でも睡眠がとれるのはこのカーテンのおかげです。

このカーテン、けっこう高かったんですが、買ってよかったです。最近、引越ししてベッドもシングルからセミダブルに買い換えました。

睡眠は、私にとっての生き甲斐で「質のよい眠り」のために、毎日がんばっています。

— Step 3 —

上級編

Step 3 の ポイント

このStep3は、
スポーツマン向けです。

かなり身体の
やわらかい人、
また
身体のできあがった
人にオススメ。

タオル体操といっても、
タオルはあまり
使いません。

部位をしぼらない、
複合的な全身運動
ばかりです。

一つの運動で、
いろんなパーツを
鍛えることができます。

格闘技要素が
強いので、
まわりに人がいないか、
必ず確かめて!

もしも
痛みを感じたら、
無理なくほどほどに
やりましょう。

ガッツリ
運動したい人は、
ここで筋力アップを
目指しましょう。

腕・腰・足

両腕前方片足立ちキープ

全身をバランスよく鍛えたい方に

1

フェイスタオルか、マフラータオルを半分に折り、両端を持って、前方に突き出す。

12秒
×
左右3回

2

左足で立って、右足は後方に伸ばした状態で12秒キープ。これを3回繰り返す。

運動所要時間
5分

3

タオルの両端を持って、前方に突き出す。

4

右足で立って、左足は後方に伸ばした状態で12秒キープ。これを3回繰り返す。

上腕	★★★★☆
前腕	★★★★☆
腹部	★★☆☆☆
背中	★★★★★
大腿部	★★★★★
下腿部	★★★★☆

前

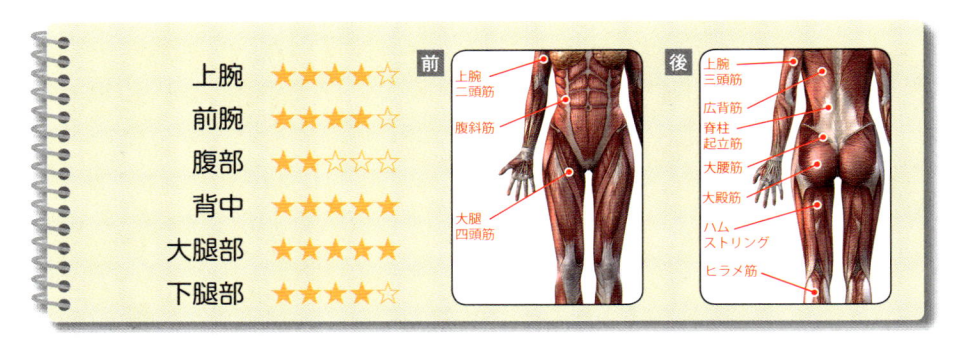

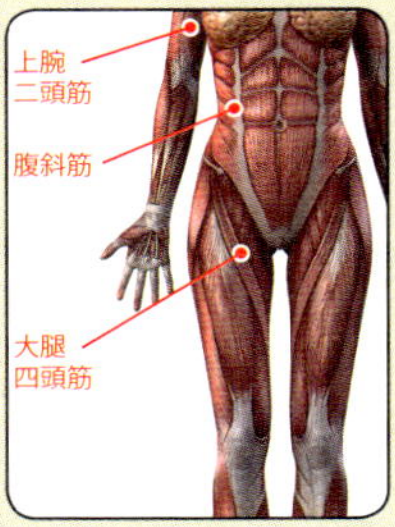
上腕
二頭筋
腹斜筋
大腿
四頭筋

後

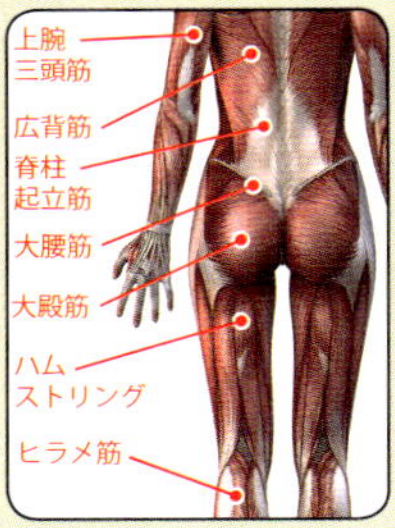
上腕
三頭筋
広背筋
脊柱
起立筋
大腰筋
大殿筋
ハム
ストリング
ヒラメ筋

腕・腹・足

とにかく腹筋を鍛えたい方に

あおむけタオル渡し

1

小さく折ったタオルを両手で持ち、両手を伸ばして、あおむけに寝る。

往復 10 回

2

身体を起こすと同時に足を上げ、タオルを足に渡し、元の体勢に戻る。

運動所要時間
6 分

3

同じように身体を起こすと同時に足を上げる。

4

足のタオルを手でつかみ、最初の体勢に戻る。

上腕	★★★★★
前腕	★★★★☆
腹部	★★★★★
背中	★★★★★
大腿部	★★★★★
下腿部	★★★★☆

前

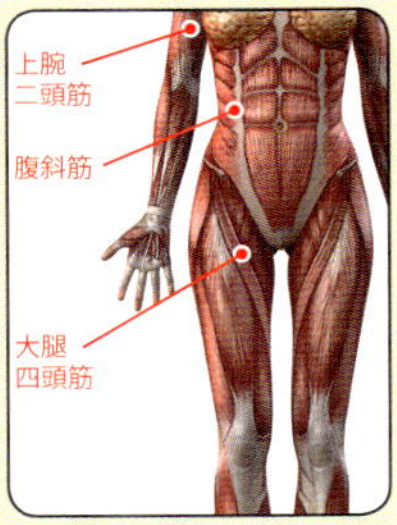
上腕二頭筋
腹斜筋
大腿四頭筋

後

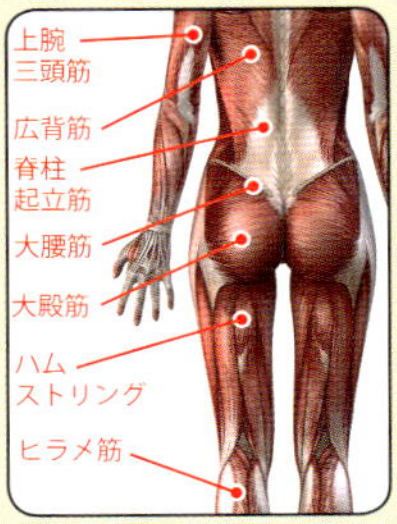
上腕三頭筋
広背筋
脊柱起立筋
大腰筋
大殿筋
ハムストリング
ヒラメ筋

肩・腕・腰

ジャブ

肩・腕を鍛えたい方に

1

肩幅くらいに足を開き、やや半身《はんみ》（相手に対してななめ）にかまえる。

利き腕は後ろにかまえる

5回
×
2セット

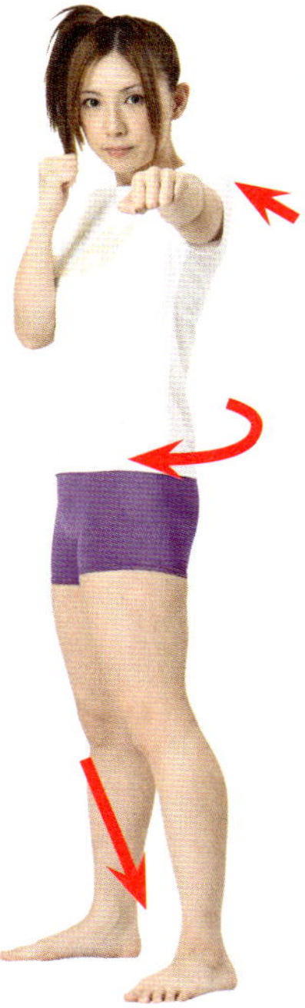

2

利き腕ではない方の拳を、そのまままっすぐ突き出し、すばやく引く。スピードが肝心。

上腕	★★★★★
前腕	★★★★★
腹部	★★☆☆☆
背中	★★★★☆
大腿部	★★☆☆☆
下腿部	★★☆☆☆

前

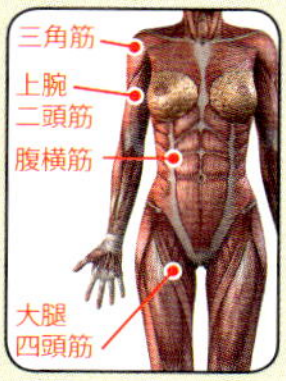

後

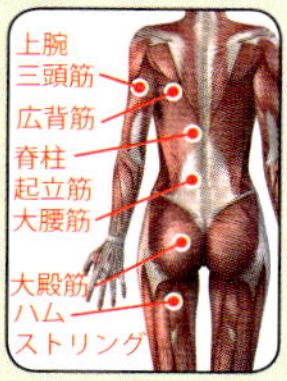

運動所要時間
6分

肩・腕・腰

ストレート

腕と腰を引き締めたい方に

1

肩幅くらいに足を開き、やや半身《はんみ》（相手に対してななめ）にかまえる。

利き腕は後ろにかまえる

5回
×
2セット

2

利き腕の拳を、そのまままっすぐ突き出す。肩、腕、腰に力を入れる。

上腕	★★★★★
前腕	★★★★★
腹部	★★★☆☆
背中	★★★★★
大腿部	★★★☆☆
下腿部	★★☆☆☆

前

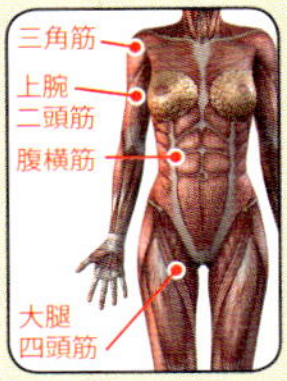
三角筋
上腕二頭筋
腹横筋
大腿四頭筋

後

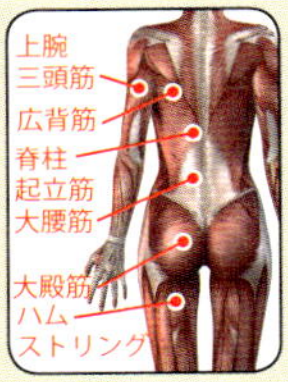
上腕三頭筋
広背筋
脊柱起立筋
大腰筋
大殿筋
ハムストリング

運動所要時間
6分

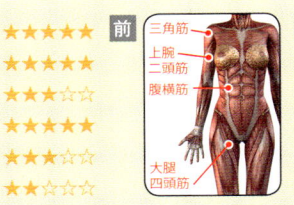

肩・腕・腰

左右のフック

腰にくびれを作りたい方に

左右 10 回
×
2 セット

1

肩幅くらいに足を開き、やや半身《はんみ》（相手に対してななめ）にかまえる。

腰のひねりを
意識して

2

腰を入れて腕を大きくふって、弧を描くようにパンチを繰り出す。左右繰り返す。

上腕	★★★★★
前腕	★★★★★
腹部	★★★☆☆
背中	★★★★★
大腿部	★★★★☆
下腿部	★★★☆☆

前

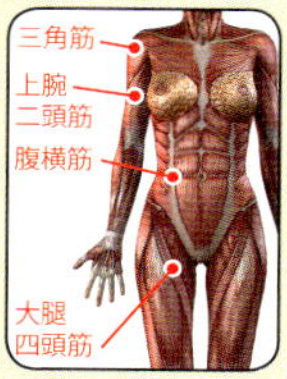
三角筋
上腕
二頭筋
腹横筋
大腿
四頭筋

後

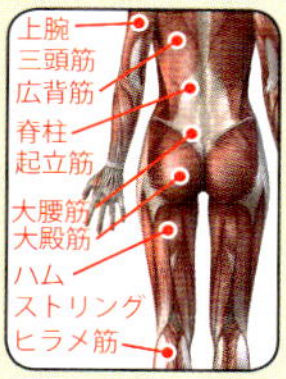
上腕
三頭筋
広背筋
脊柱
起立筋
大腰筋
大殿筋
ハム
ストリング
ヒラメ筋

運動所要時間
10分

肩・腕・腰

腕と腰まわりを引き締めたい方に

左右のアッパー

左右10回
×
2セット

1

肩幅くらいに足を開き、やや半身《はんみ》（相手に対してななめ）にかまえる。

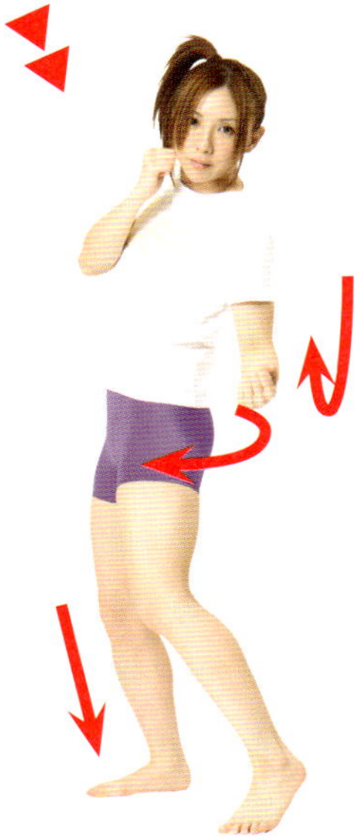

2

腰を入れて、下から上に、弧を描くように拳を振り上げる。左右繰り返す。

上腕	★★★★★
前腕	★★★★★
腹部	★★★☆☆
背中	★★★★★
大腿部	★★★★☆
下腿部	★★★☆☆

前

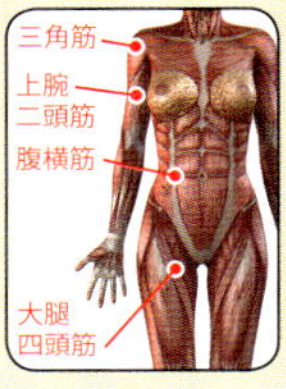
三角筋
上腕
二頭筋
腹横筋
大腿
四頭筋

後

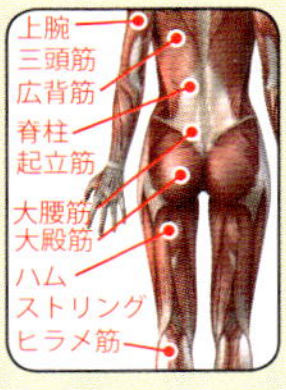
上腕
三頭筋
広背筋
脊柱
起立筋
大腰筋
大殿筋
ハム
ストリング
ヒラメ筋

運動所要時間
10分

腹・足

左右の前蹴り

股関節がやわらかくて、バランス感覚のすぐれた方に

運動所要時間
10分

左右10回
×
2セット

1

左足のヒザを、もも上げの要領で高く上げる。

2

ヒザから下を、そのまま前方へ蹴り出す。

Other

別の角度から。
一度ヒザを持ち上げて
次に前に高く蹴り出す。

3

右足のヒザを、もも上げの要領で高く上げる。

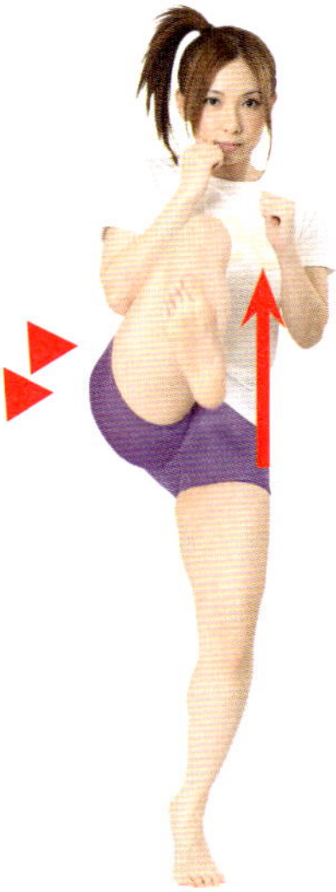

Other

別の角度から。
一度ヒザを持ち上げて
次に前に高く蹴り出す。

4

ヒザから下を、そのまま前方へ蹴り出す。左右交互に繰り返す。

上腕	★★☆☆☆
前腕	★★☆☆☆
腹部	★★★★☆
背中	★★★★★
大腿部	★★★★★
下腿部	★★★★★

前

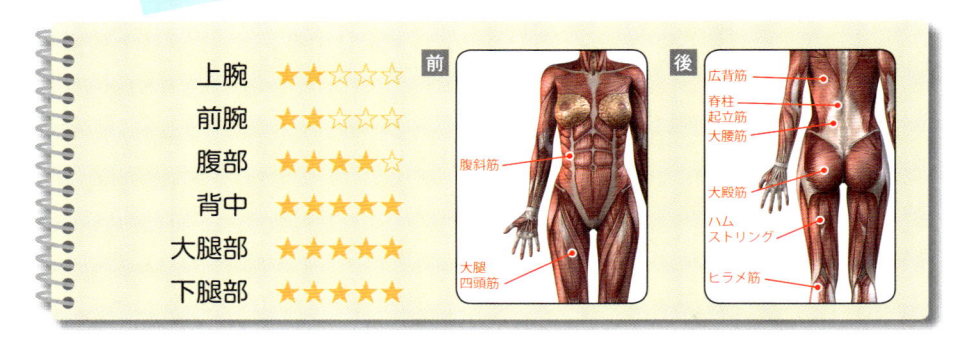

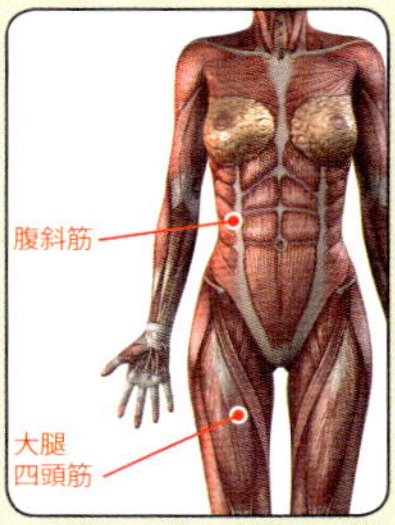
腹斜筋
大腿
四頭筋

後

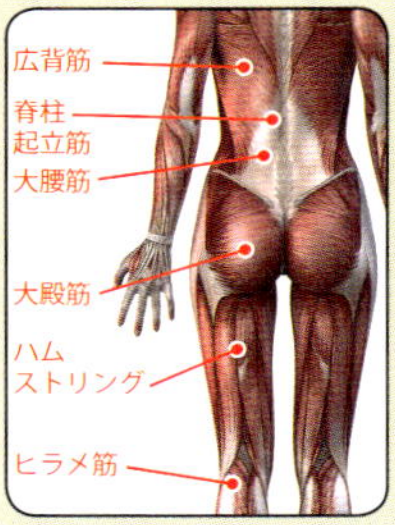
広背筋
脊柱
起立筋
大腰筋
大殿筋
ハム
ストリング
ヒラメ筋

腹・足

実用的な護身術を修得したい方に

左右のヒザ蹴り

腕を引いて身体を反らせる

1

半身《はんみ》（相手に対してななめ）の体勢から片足立ちになってヒザを上げる。

左右 10 回

Other

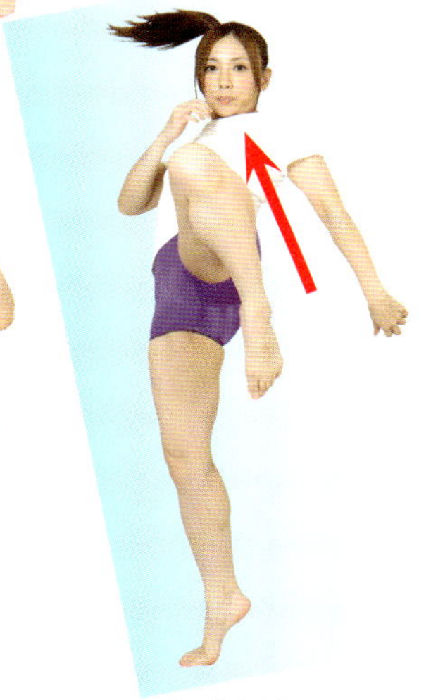

別の角度から。
ヒザはやや内側に突き出す。

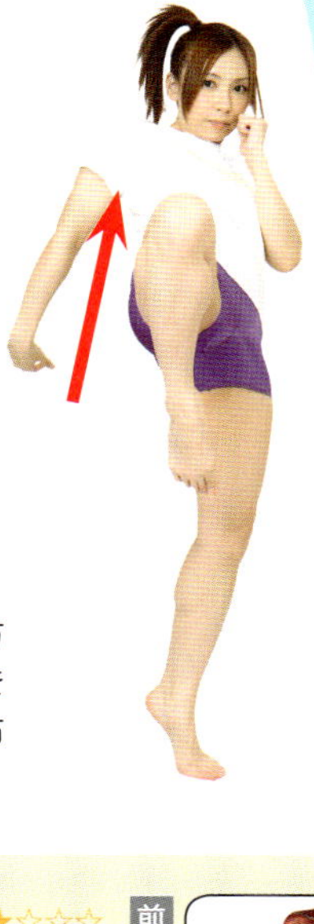

2

そのままヒザを前方に突き出し、身体を後ろにそらす。左右交互に繰り返す。

上腕	★★☆☆☆
前腕	★★☆☆☆
腹部	★★★★☆
背中	★★★★★
大腿部	★★★★★
下腿部	★★★★★

前

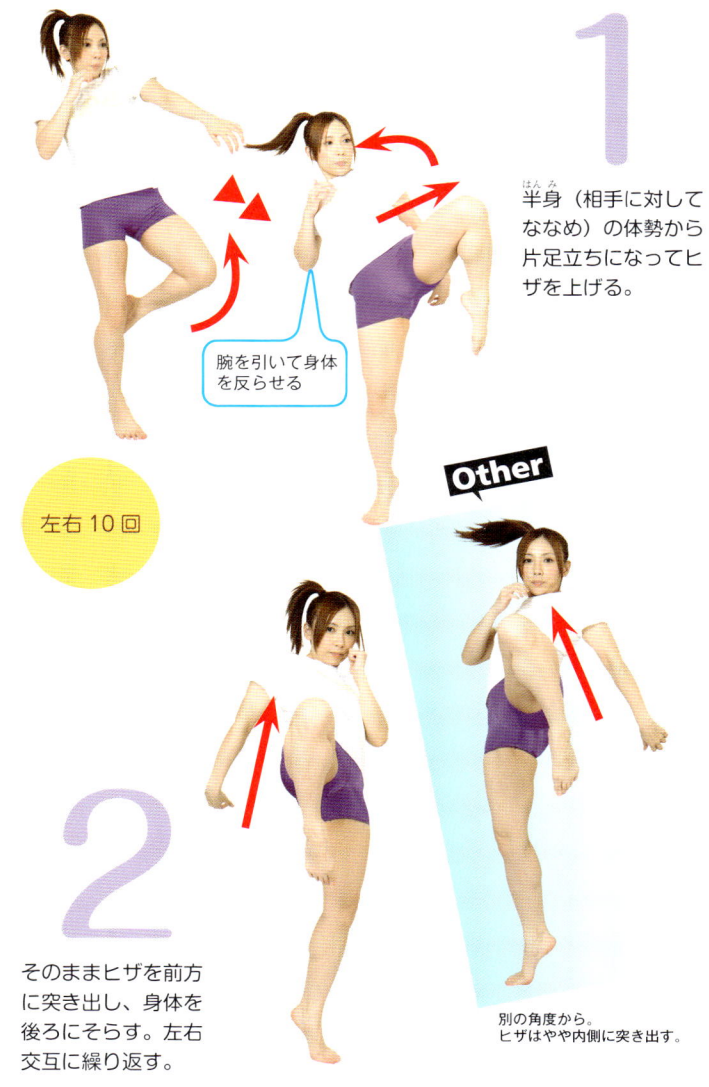

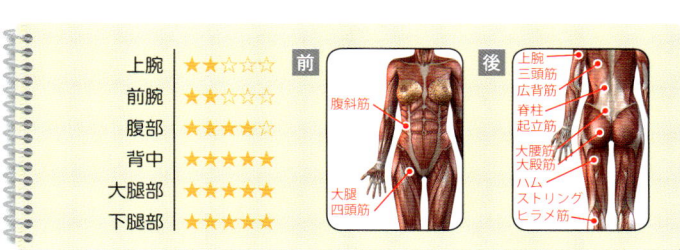

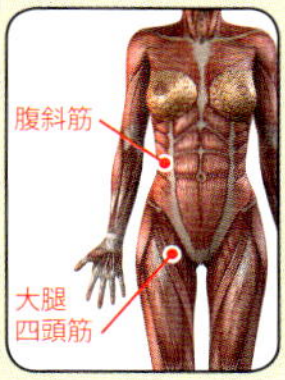

腹斜筋
大腿四頭筋

後

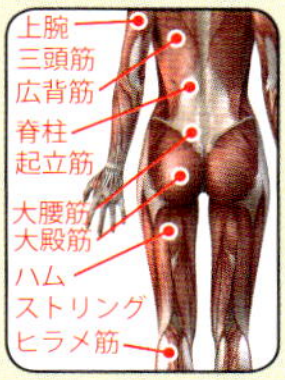

上腕三頭筋
広背筋
脊柱起立筋
大腰筋
大殿筋
ハムストリング
ヒラメ筋

運動所要時間
6 分

腹・足

実践的な格闘技をやってみたい方に

左右のミドルキック

左右 10 回

1

半身《はんみ》（相手に対して
ななめ）の体勢から
前方に向かってなな
めに蹴りを放つ。

腕を伸ばしてバ
ランスをとる

2

スピードを乗せて、腰の
高さまで足が上がったと
ころでヒザを返す。左右
交互に繰り返す。

上腕	★★☆☆☆
前腕	★★☆☆☆
腹部	★★★★☆
背中	★★★★★
大腿部	★★★★★
下腿部	★★★★★

前

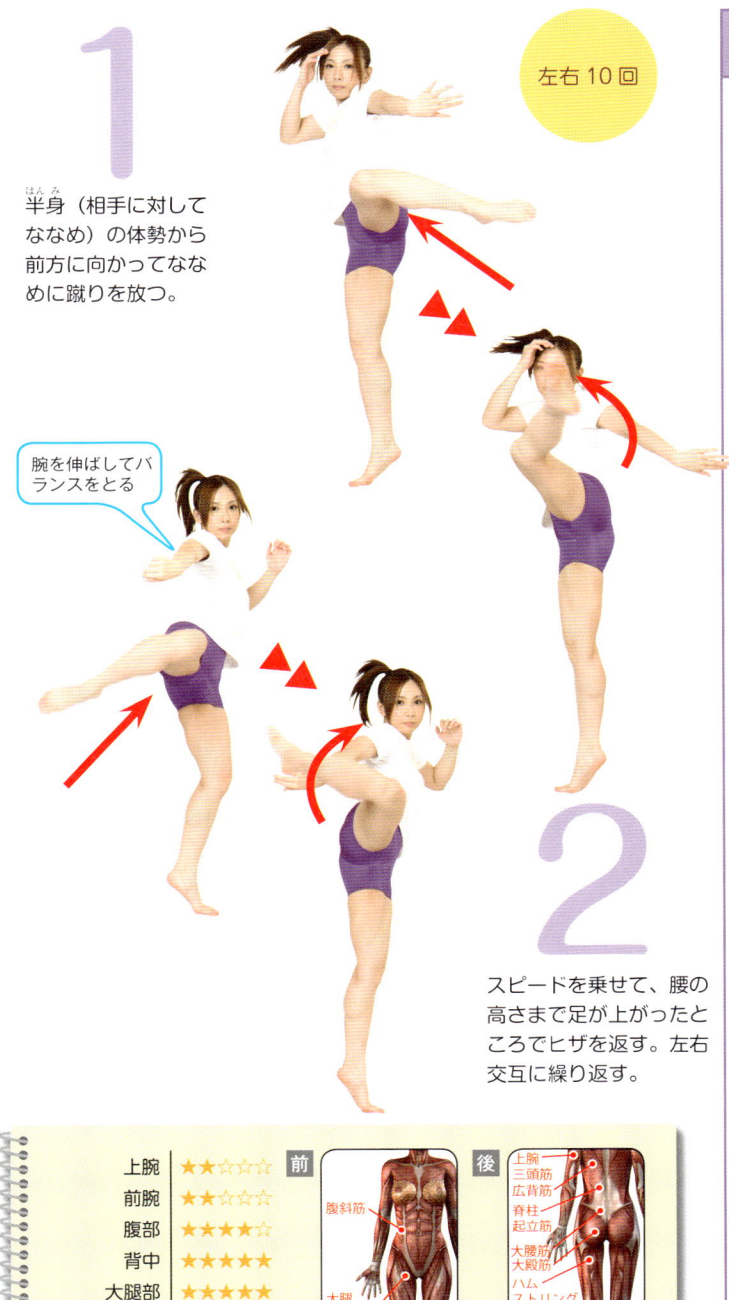

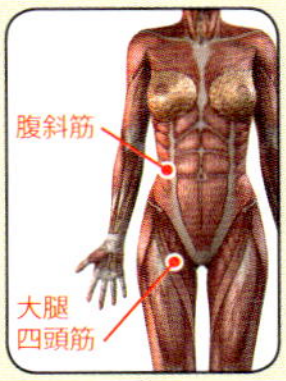
腹斜筋
大腿
四頭筋

後

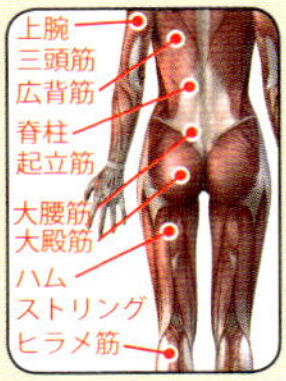
上腕
三頭筋
広背筋
脊柱
起立筋
大腰筋
大殿筋
ハム
ストリング
ヒラメ筋

運動所要時間
6 分

Column

食生活・美容

一人暮らしをしていますので、食事は主に自炊です。もやし・キャベツ・豚肉は常に冷蔵庫の中にあります。時間がないときでも、野菜はとるように心がけています。

時間があるときはハンバーグや餃子を多めに作って冷凍しています。昔から好きでいつも作るのは豚キムチですね。

練習後に選手や練習生のみんなと外食したり、ファーストフードですませたりもしますが、選手時代と食の質や量がかわってきました。あの頃はどれだけ食べても消費できましたからね。

ただ、お菓子はやめられません。お菓子を食べないとストレスがたまり、かえって身体によくないような気がして。

それから、いいことがあると食欲はわかないんですけど、悪いことがあったり、精神的に落ちている時期は食欲が止まらなくなります。やっぱりストレスって、よくないですよね。

美容で特に気をつけていることは、日に焼けないことです。夏でも長袖を着て日焼け止めを塗って、サングラスにマスクをして外を歩いています。おばあちゃんになってもシミができないように、いつも心がけています。

メイクはナチュラルが基本です。割と男っぽくて化粧も適当なので、これからいろいろなメイク術を学んでいきたいですね。

— Step 4 —

スターダム体操

Step 4 の ポイント

このStep4は、
かなりのスポーツマン向けです。

これは実際に、
女子プロレス団体スターダムの練習で
取り入れています。

もとは
ジャガー横田さんの
考案した
「ジャガー体操」。
私のいた団体はジャガーさん直系でした。

ラジオ体操を
進化させた
ロングバージョンと
思ってください。

動きのテンポは四拍子。
タオルはまったく使いません。

身体が自然に
動くようになったら
合格点。

「ジャガー体操」に
痩せる要素を加えて
アレンジして
あります。

全部覚えるのが
難しい人は、
この中から
気になる運動だけでも
OKです。

全身

スタダム体操

一つの流れで身体全体を鍛えて、整える

両腕を前に
そのまま広げて
前に
後ろに
×4回
腕をふって
しゃがむ
×4回
右手を4回まわす
逆回転を4回
ヒジを後ろに×2回

運動所要時間
5分

両手を前に
左ヒジも後ろに×2回
逆回転×4回
左手を4回まわす
両ヒジを後ろに×2回
両手を前に
前屈
後ろにそらす×2回
腕をふって
大きくまわす
逆回転も
交互に×2回

左手上げて
横に倒す
右手も
横に倒したら
交互に×2回
腕をかまえて
腰をねじる
交互に×8回
頭を前に倒す
ヒジを曲げた状態で
ひねる
交互に×8回
身体を起こす
ジャンプして
腰をひねる
交互に×8回

両手を頭の後ろに
右足を大きく前に

腰を落として左足の
アキレス腱を伸ばす

交互に×4回

両手両足を広げて

左手で右足の
かかとをさわる

元に戻して

交互に×4回

腰を落として
左足のヒザを伸ばす

反対も

左手左足首も
右手右足首をまわす
逆回転
ヒザをまわす
ヒザを曲げ
姿勢を正して
右手首も4秒
左手首を4秒伸ばす
軽く3回ジャンプして
4回目を高く×4回
ジャンプして両手両足を
広げて閉じて×4回×2セット
軽く4回ジャンプ

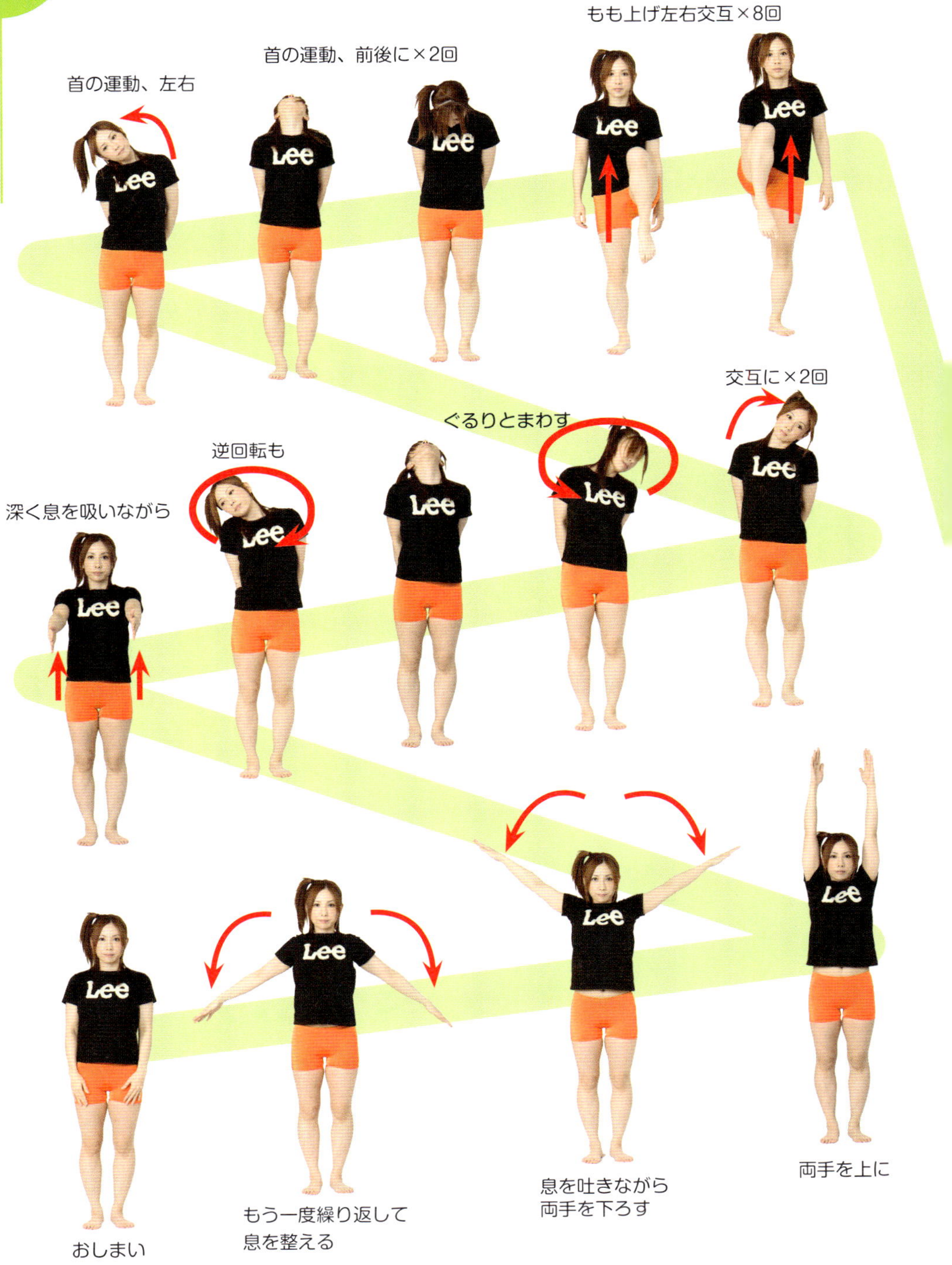
首の運動、左右
首の運動、前後に×2回
もも上げ左右交互×8回
交互に×2回
ぐるりとまわす
逆回転も
深く息を吸いながら
両手を上に
息を吐きながら
両手を下ろす
もう一度繰り返して
息を整える
おしまい

おわりに

みなさんいかがでしたか？

Ｓｔｅｐ４で紹介したスターダム体操は、選手や練習生も、日々の練習で必ずやっているものです。タオル体操も、選手たちは試合前後に軽いウォーミングアップやクールダウンとしてやっています。

その成果もあってか、スターダムの選手たちは、みんな適度に身体が絞られています。おかげさまで「ビジュアル系女子プロレス団体」とメディアに取り上げられることも多いんですよ。

身体の細胞は、動かさないと、どんどん死んでいくように思います。

毎日、少しでも運動していると、細胞は「動かなきゃ」とがんばって、どんどん新陳代謝してくれるんです。

だから、若さと健康を保つために運動は欠かせません。

タオル体操は運動が苦手な人にピッタリのエクササイズです。

最初に紹介したストレッチと組み合わせると、効果が上がります。

私の考えたメニューをこなすと、太りにくい身体が作れると思います。

気になるパーツをタオル体操で引き締めて、メリハリボディを手に入れちゃいましょう！

スポーツトレーナー
風香

肥満は高血圧、糖尿病など、さまざまな病気の元凶になるため、病気予防にはまず肥満の解消に努めなければなりません。

そのためには摂取カロリーの制限はもちろん、カロリー消費のために適度な運動をする必要があります。

運動は特に筋力、柔軟性、バランスを養うものをやるのがよいでしょう。

また長続きさせることが大事であり、そのためには、いつでも、どこでも、だれでも、ということも必要です。

このタオル体操は、これらの条件にぴったりであり、まさにエイジレス。

どなたでも自分にあったオリジナルの体操を考えて楽しみながら健康になることができます。

スポーツドクター
林　督元

ヒザつき腕立て …… 55
ヒザつき両手重ね腕立て …… 56
ひねり腹筋 …… 58
ふくらはぎひっぱり …… 35
腹筋キープ …… 43
ふとももひっぱり …… 34

■マ行
もも上げ …… 45

■ラ行
両足広げ …… 33
両腕前方片足立ちキープ …… 70
両腕前方キープ …… 24
両腕バンザイ左右ひっぱり …… 23
両手上げ腹筋 …… 57
両ヒジ立ちキープ …… 60

パーツさくいん

■腕
片腕前方ひっぱり …… 20
片腕サイドひっぱり …… 21
片腕後方ひっぱり …… 22
両腕バンザイ左右ひっぱり …… 23
両腕前方キープ …… 24
後方振り向き …… 25
サイド引き上げ …… 26
ながら片腕前方ひっぱり …… 28
ながら片腕サイドひっぱり …… 29
ながら片腕後方ひっぱり …… 30
ながら両腕バンザイ左右ひっぱり …… 31
ながらサイド引き上げ …… 32
両足広げ …… 33
ふとももひっぱり …… 34
ふくらはぎひっぱり …… 35
ながら両足広げ …… 36
ながらふとももひっぱり …… 37
頭上げ …… 38
頭サイド上げ …… 39
腹筋キープ …… 43
ヒザ立て腹筋 …… 44
サイドひねり …… 50
後ろ足上げキープ …… 51
腰入れ横ひねり …… 54
ヒザつき腕立て …… 55
ヒザつき両手重ね腕立て …… 56
腰入れ後方ひねり …… 59
両ヒジ立ちキープ …… 60

さくいん

■ア行
あおむけタオル渡し …… 72
足首上げ下げ …… 42
頭上げ …… 38
頭サイド上げ …… 39
後ろ足上げキープ …… 51
うつぶせ片足上げ …… 65
うつぶせ片手片足上げ …… 62
うつぶせ上半身上げ …… 63
うつぶせ両足上げ …… 64

■カ行
片足つま先立ち …… 53
片腕後方ひっぱり …… 22
片腕サイドひっぱり …… 21
片腕前方ひっぱり …… 20
片ヒジ立ちキープ …… 61
ぐるりタオルまわし …… 40
後方振り向き …… 25
腰入れ後方ひねり …… 59
腰入れ横ひねり …… 54

■サ行
サイド引き上げ …… 26
サイドひねり …… 50
左右のアッパー …… 77
左右のヒザ蹴り …… 80
左右のフック …… 76
左右の前蹴り …… 78
左右のミドルキック …… 81
ジャブ …… 74
スターダム体操 …… 86
ストレート …… 75

■タ行
つま先立ち …… 52

■ナ行
ながら片腕後方ひっぱり …… 30
ながら片腕サイドひっぱり …… 29
ながら片腕前方ひっぱり …… 28
ながらサイド引き上げ …… 32
ながらふとももひっぱり …… 37
ながら両足広げ …… 36
ながら両腕バンザイ左右ひっぱり …… 31

■ハ行
ヒザ立て腹筋 …… 44

※パーツさくいん内は掲載順に表記しています。

■撮影
Yammy（Studio Peace）

■ヘアメイク
翔月なつみ（スターダム）

■デザイン
瀧澤晃子

■組版
Office 聴牌《テンパる》

■編集協力
井手勇二

■衣装協力
Lee

スポーツトレーナー

風香（ふうか）

本名、柿本風香。奈良県奈良市出身。元・女子プロレスラー、総合格闘家。デビュー後１年半もの間負け続け「プロレス界のハルウララ」と呼ばれた。初勝利後は一気に若手のトップに立ち、No.1 アイドルレスラーとして絶大な人気を博す。痴漢被害に遭った際、自らの手で犯人を逮捕し、話題に。引退後、自身を慕う練習生を集め、新団体スターダムを旗揚げ、ゼネラルマネジャーに就任。現在はトレーナーを兼任し、後進の指導にあたる。著書に『女子魂。』（講談社刊）、『風香自伝』（鹿砦社刊）。
【公式ブログ】http://ameblo.jp/kakimotofuka/

スポーツドクター

林　督元（はやし　まさゆき）

秋田大学医学部卒業。
医療法人社団祐光会理事長、弘邦医院院長。
内科医として地域医療に携わる傍ら公認スポーツドクターとして新日本プロレス、全日本プロレス、ゼロワンなどのプロレス団体のリングドクターを務める。東京都テコンドー協会会長、日本スポーツ吹矢協会顧問も歴任している。

エイジレス タオル体操
アスリートが教えるパーツ引き締め

2013年６月25日　初版第１刷発行

著　者　風 香
監　修　林 督元
発行者　瓜谷 綱延
発行所　株式会社文芸社
〒160-0022　東京都新宿区新宿1－10－1
電話　03-5369-3060（編集）
03-5369-2299（販売）
印刷所　日経印刷株式会社

ISBN 978-4-286-13939-5